日本留学試験(EJU) 模擬試験

物 理

は じ め に

　日本留学試験（EJU）は，日本の大学に入学を希望する留学生を対象とした，大学等で必要とされる日本語力及び各科目の基礎学力を評価することを目的とした試験で，年に2回実施されています。

　日本留学試験では，弊社が学内で使用している『日本留学試験標準教科書』等で学習する基礎的な知識だけでなく，総合的な考察力・思考力が必要となります。また，限られた時間の中ですばやく正解を見出すための読解力・判断力も要求される上に，マークシート形式という独特な解答形式に慣れる必要もあります。このような日本留学試験で高得点をとるためには，同形式の良質な問題に数多く接することが効果的です。

　本書は，上記のような点を踏まえ，過去に出題された問題を徹底的に研究・分析した上で作成された模擬試験です。形式・内容などにおいて実際の試験に近い問題が全10回分収録されており，本番さながらの試験に数多くチャレンジすることができるようになっています。本書を活用することによって，学力の向上とともに，揺るぎない自信を身につけることができるでしょう。

　私たち行知学園では，各教科の教材専門スタッフが，日々，教科内容を研究・分析し，日本の大学を希望している外国人受験生の皆様に有意義となる教材を開発しています。

　この「模擬試験シリーズ」及び行知学園発行の姉妹書を徹底的に学習して，皆様が希望通りの未来に進み，ご活躍をされることを願います。

　2018年5月

行知学園

本 書 に つ い て

■ 日本留学試験（EJU）「物理」について

　日本留学試験は年に2回，6月と11月に実施され，出題科目は「**日本語**」「**理科**」（物理・化学・生物），「**総合科目**」及び「**数学**」です。

　「理科」は試験時間が80分，解答用紙はマークシート方式で，「物理」・「化学」・「生物」のうち2つの科目を選んで解答します。科目ごとに別々に時間はとられず，この80分で2科目を選択し，解答します。

　「物理」の出題範囲は日本の高等学校の指導要領の「物理基礎」及び「物理」の範囲に準じています。各問題は以下の出題範囲から出題され，近年は以下のような問題構成になっています。

大問番号	分　　　野	問題数
I	力学（速度・加速度，力のつり合い，力学的エネルギーなど）	6
II	熱（熱運動，理想気体の状態方程式，気体の状態変化など）	3
III	波（波の性質，音の性質，ドップラー効果，光の性質など）	3
IV	電気と磁気（静電気力，電場，電位，電流，磁場，ローレンツ力など）	6
V	原子（電子，粒子性と波動性，原子の構造，素粒子など）	1
	合　　計	19

　詳しくは日本留学試験のホームページにも掲載されています。一度目を通しておくとよいでしょう。

■ 本書について

　留学生のための進学予備校である行知学園は，長年にわたりこれまで日本留学試験に出題された問題を分析し，留学生の皆さんがどのように学習すれば試験に対応できる実践力，実力をつけられるかを研究してきました。本書は，その成果を盛り込み，日本留学試験の出題傾向に対応する**模擬試験問題10回分**と**解答**，**付録**を収録した問題集です。

　試験対策には，出題傾向に沿ったよい問題をたくさんこなして力をつけ，出題傾向やパターンを把握することが大切です。本書は上記の近年の「物理」の出題範囲，問題構成に準じたものとなっています。形式について，近年の「物理」の試験では，各設問につき1問のみを解答する1問1答の形式がとられており，本書もこの形式に則しています。また，内容については，過去に出題された日本留学試験の問題を徹底的に研究・分析することで，実際の試験問題に限りなく近いものとなっています。なお，実力を養う目的で，難易度は，日本留学試験よりも難しく設定しております。

　解答のページには，解答と併せて★～★★★の3段階で問題ごとの難易度を示してあります。まずは★の問題を確実に解けるようにし，続いて★★，★★★の問題が解けるように頑張りましょう。

　付録には，「物理公式集」「解答用紙」「自己分析シート」「学習達成表」を収録しています。物理公式集には，出題傾向をふまえピックアップした重要な公式をまとめています。自己分析シートは，出題分野ごとの正解数を把握するシートで，分野別の学習状況が把握できます。学習達成表は，各回の正解数をもとに達成度，成長度を把握できるシートです。「解答用紙」は日本留学試験にならったマークシートです。積極的に利用し，記入のしかたに慣れておきましょう。

■ 解答用紙とマークシート記入上の注意点

　日本留学試験「物理」の解答用紙は，答えのマーク部分を鉛筆で塗りつぶすマークシート形式です。マークのしかたが薄いと採点されないため，必ずHBの鉛筆を使いしっかり塗り，訂正したいマークはプラスチック消しゴムできれいに消してください。決められた箇所以外は記入せず，シートを汚さないように注意しましょう。

■ 本書の使い方

本書10回分の模擬試験問題と付録は，日本留学試験に必要な実力が効率よく身につく学習を可能にします。

試験対策では，日本留学試験の形式に慣れることが重要です。試験の傾向に沿った模擬試験に，日本留学試験と同じ時間，同様の解答用紙，筆記具を用いて取り組んでみましょう。解答後は採点結果を分析し，自分の弱点である不得意な分野や足りない知識を把握してください。苦手な分野や弱い点を重点的に復習し，今後の勉強に活かすことで，より効率よく成績を上げることができます。

上記のような流れにしたがい本書の模擬試験を繰り返し解くことで，基礎力に加え，総合的な考察力や思考力，限られた時間で解答できる読解力や判断力など，日本留学試験に必要な実力が自然に身についていきます。

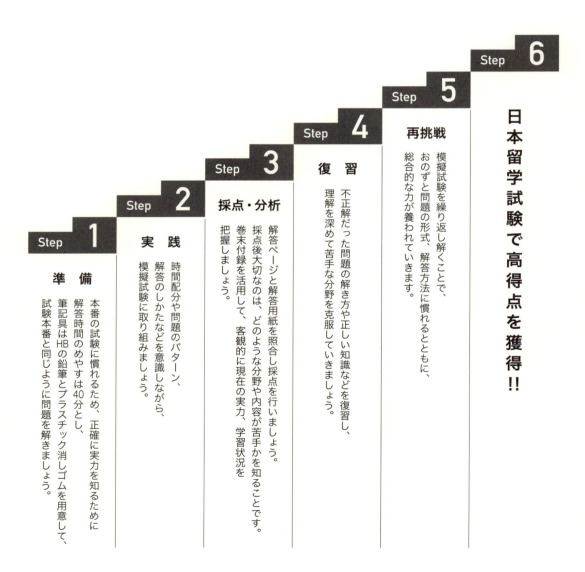

Step 1　準備
本番の試験に慣れるため、正確に実力を知るために解答時間のめやすは40分とし、筆記具はHBの鉛筆とプラスチック消しゴムを用意して、試験本番と同じように問題を解きましょう。

Step 2　実践
時間配分や問題のパターン、解答のしかたなどを意識しながら、模擬試験に取り組みましょう。

Step 3　採点・分析
解答ページと解答用紙を照合し採点を行いましょう。採点後大切なのは、どのような分野や内容が苦手かを知ることです。巻末付録を活用して、客観的に現在の実力、学習状況を把握しましょう。

Step 4　復習
不正解だった問題の解き方や正しい知識などを復習し、理解を深めて苦手な分野を克服していきましょう。

Step 5　再挑戦
模擬試験を繰り返し解くことで、おのずと問題の形式、解答方法に慣れるとともに、総合的な力が養われていきます。

Step 6　日本留学試験で高得点を獲得!!

目 次

はじめに ……………………………………… **3**

本書について ……………………………… **4**

第１回　模擬試験 ……………………………… **9**

第２回　模擬試験 ……………………………… **29**

第３回　模擬試験 ……………………………… **49**

第４回　模擬試験 ……………………………… **69**

第５回　模擬試験 ……………………………… **89**

第６回　模擬試験 ……………………………… **109**

第７回　模擬試験 ……………………………… **129**

第８回　模擬試験 ……………………………… **149**

第９回　模擬試験 ……………………………… **169**

第10回　模擬試験 ……………………………… **189**

解　答 ………………………………………… **209**

付　録 ………………………………………… **221**

物理公式集　　　**222**

理科解答用紙　　　**247**

自己分析シート　　　**248**

学習達成表　　　**249**

第 ① 回　模擬試験

解答時間：40分

1

I 次の問い A（問1），B（問2），C（問3），D（問4），E（問5），F（問6）に答えなさい。ただし，重力加速度の大きさを g とし，空気の抵抗は無視できるものとする。

A 次の図のように，質量 M のおもり A，B と質量 m の粘土を軽くて伸び縮みしない糸でつなぎ，A，B の間の糸を定滑車にかけ，動き出さないように手で固定した。このとき，床から粘土の下端までの距離を l，粘土の上端から B の下端までの距離を x とする。手をはなすと B と粘土は落下する。粘土が床に完全非弾性衝突してから B が粘土に衝突するまでの時間を t とする。ただし，おもりと粘土の大きさは無視できるものとする。

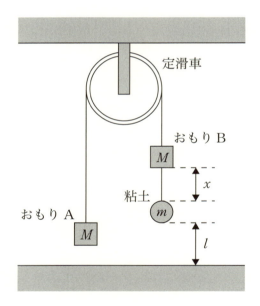

問1 重力加速度の大きさ g はどのように表されるか。正しいものを，次の①〜⑥の中から一つ選びなさい。　1

① $\dfrac{(2M+m)l^2}{2Mxt^2}$　　② $\dfrac{(2M+m)l^2}{2mxt^2}$　　③ $\dfrac{(2M+m)l^2}{mxt^2}$

④ $\dfrac{(2M+m)x^2}{2Mlt^2}$　　⑤ $\dfrac{(2M+m)x^2}{2mlt^2}$　　⑥ $\dfrac{(2M+m)x^2}{mlt^2}$

B 次の図のように，一辺の長さ $3l$ の一様な密度で一様な厚さの正方形の板から，一辺の長さ l の正方形を切り取って，板 ABCDEF をつくり，辺 AF 上の点 P に糸をつないで天井からつるしたところ，辺 AF が水平になった。

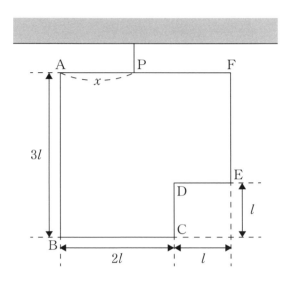

問2 AP の長さ x はどのように表されるか。正しいものを，次の①〜⑥の中から一つ選びなさい。　　　 2

① $\dfrac{7}{6}l$ 　　② $\dfrac{5}{4}l$ 　　③ $\dfrac{21}{16}l$

④ $\dfrac{4}{3}l$ 　　⑤ $\dfrac{11}{8}l$ 　　⑥ $\dfrac{23}{16}l$

C 次の図のように，水平でなめらかな床の上に置かれた質量 M の板の上に，質量 m の物体が置かれて静止している。板の右端に取り付けられたひもを水平方向右向きに一定の大きさ F の力で引っ張ると，時刻 $t = 0$ に物体が板の上を滑り始めた。時刻 $t = t_0$ に力 F を加えるのをやめると，時刻 $t = t_1$ 以後，板は等速直線運動した。ただし，板と床との間には摩擦はないが，物体と板との間には摩擦があるものとし，板は十分に長く，物体が板から落ちることはないものとする。また，$0 < t_0 < t_1$ である。

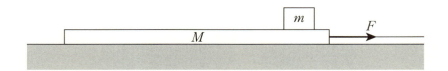

問 3 板の速度 V は時刻 t に対してどのように変化するか。最も適当なグラフを，次の①～⑥の中から一つ選びなさい。ただし，速度は水平方向右向きを正とする。　　**3**

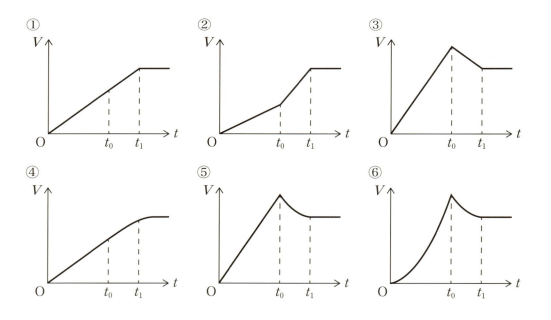

D　図1のように，なめらかで水平な床の上を運動する質量 m の小球が，なめらかな壁に衝突してはね返った。小球は速さ $\sqrt{2}\,v$ で壁に対して 45° の向きから衝突し，衝突後の速さは $\frac{5}{4}v$ であった。小球が壁に衝突した際に壁から受ける力 F（図1の上向きを正とする）を測定したところ，壁に最初に接触した時刻を $t=0$ とすると，図2のように変化し，時刻 $t=3T$ に小球が壁から離れた。

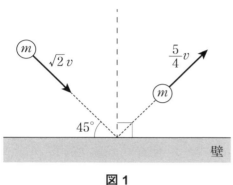

図1

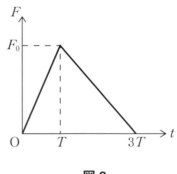

図2

問4 F の最大値 F_0 はどのように表されるか。正しいものを，次の①〜⑥の中から一つ選びなさい。　**4**

① $\dfrac{5mv}{12T}$　　② $\dfrac{7mv}{12T}$　　③ $\dfrac{5mv}{6T}$

④ $\dfrac{7mv}{6T}$　　⑤ $\dfrac{5mv}{3T}$　　⑥ $\dfrac{7mv}{3T}$

E 次の図のように，水平で粗い回転台があり，この回転台に自然長 0.10 m，ばね定数 40 N/m のばねの一端を回転台の中心 O に取り付け，他端に質量 0.50 kg の小球 A を取り付けて回転台の上に置いた。回転台を角速度 ω で回転させたところ，ばねの伸びが 0.15 m の状態で小球 A は回転台上を滑らないで等速円運動した。この状態から ω を徐々に減少させたところ，ω が 6.0 rad/s より小さくなった瞬間に小球 A は滑り始めた。ただし，重力加速度の大きさ $g = 9.8$ m/s^2 とする。

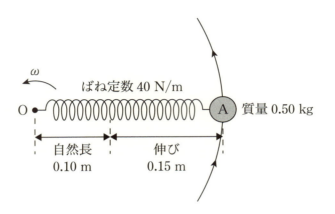

問 5 小球 A と回転台との間の静止摩擦係数はいくらか。最も適当な値を，次の①〜⑥の中から一つ選びなさい。　　5

① 0.15　　② 0.23　　③ 0.31
④ 0.39　　⑤ 0.46　　⑥ 0.54

F　次の図のように，電車が水平方向右向きに正の加速度 a で等加速度直線運動をしている。電車内の水平な床の上に傾きが θ の粗い斜面が固定され，その上に質量 m の物体がのっている。物体は斜面上を滑るだけで転がることはなく，電車が加速していないときは，物体は斜面上で静止しているものとする。

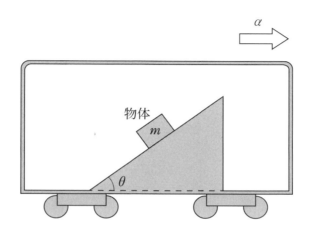

問 6　物体が斜面から浮き上がらないために必要な加速度の大きさ a の条件として，最も適当なものを，次の①〜⑥の中から一つ選びなさい。　6

①　$a \leqq g\sin\theta$　　　②　$a \leqq g\cos\theta$　　　③　$a \leqq g\tan\theta$

④　$a \leqq \dfrac{g}{\sin\theta}$　　　⑤　$a \leqq \dfrac{g}{\cos\theta}$　　　⑥　$a \leqq \dfrac{g}{\tan\theta}$

II

次の問い A（問1），B（問2），C（問3）に答えなさい。

A 次の図のように，周囲が断熱材で囲まれた熱量計に，4.0×10^2 g の水を入れると，全体の温度が26°Cとなった。この中に，80°Cに熱した質量 4.0×10^2 g のある金属球を入れ，静かにかき混ぜたところ，全体の温度が30°Cとなった。ただし，水の比熱を 4.2 J/(g·K)，銅製容器の熱容量を 320 J/K とする。ただし，温度計やかくはん棒の熱容量は無視できるものとする。

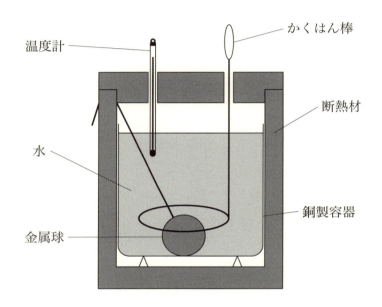

問1 ある金属球の比熱はいくらか。最も適当な値を，次の①〜⑥の中から一つ選びなさい。 <u>　7　</u> J/(g·k)

① 0.38　　② 0.40　　③ 0.42
④ 0.44　　⑤ 0.46　　⑥ 0.48

B 図1のように，内径が一様な細いガラス管の一端を閉じ，空気をためて密度が ρ の水銀を入れて，大気圧が p_0 の大気中で水平な台の上に横に倒して放置したところ，水銀柱の長さは L，空気柱の長さは l_0 であった。次に，図2のように，ガラス管をゆっくり起こし，水平から角度 $30°$ をなすように傾けたところ，空気柱の長さが $\dfrac{8}{9}l_0$ になった。ただし，重力加速度の大きさを g とし，ガラス管は熱をよく通し，大気の温度は一定であるものとする。また，空気は理想気体とみなし，水銀の蒸気圧は無視できるものとする。

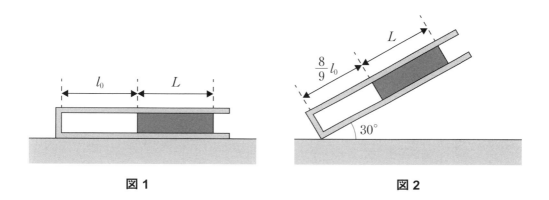

図1   図2

問2 L はどのように表されるか。正しいものを，次の①〜⑥の中から一つ選びなさい。

|8|

① $\dfrac{p_0}{9\rho g}$ ② $\dfrac{p_0}{8\rho g}$ ③ $\dfrac{p_0}{6\rho g}$

④ $\dfrac{p_0}{4\rho g}$ ⑤ $\dfrac{3p_0}{8\rho g}$ ⑥ $\dfrac{p_0}{3\rho g}$

C 次の図のように，一定量の理想気体を3通りの過程，(I) A → C → B，(II) A → D → E → B，(III) A → B で状態 A から状態 B へ変化させた。ただし，A → D，C → E → B は定積変化，A → C，D → E は定圧変化，A → B は $p-V$ グラフ上で直線で表される変化である。(I)，(II)，(III)において，気体が吸収した熱量をそれぞれ Q_1，Q_2，Q_3 とする。

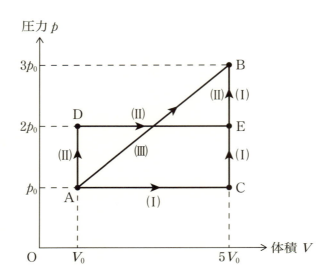

問3 Q_1，Q_2，Q_3 の大小関係として正しいものを，次の①〜⑥の中から一つ選びなさい。

9

① $Q_1 < Q_2 < Q_3$ ② $Q_1 = Q_2 < Q_3$ ③ $Q_1 < Q_2 = Q_3$

④ $Q_2 < Q_3 < Q_1$ ⑤ $Q_2 = Q_3 < Q_1$ ⑥ $Q_3 < Q_2 < Q_1$

Ⅲ 次の問い A（問 1），B（問 2），C（問 3）に答えなさい。

A 次の図のように，振動数 5.0 Hz の水面波が，媒質 I の領域から境界面で屈折して媒質 II の領域に伝わっていった。図の太い実線は波面を表しており，波面が境界面となす角度は 30° から 45° に変化した。媒質 I での波長は 6.0 cm であった。

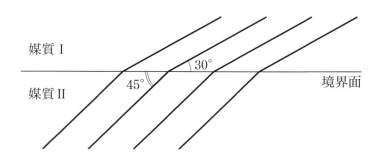

問 1 屈折波の速さは何 cm/s か。最も適当な値を，次の①〜⑥の中から一つ選びなさい。

10 cm/s

① 15 ② 21 ③ 42 ④ 45 ⑤ 52 ⑥ 60

B 次の図のように，音波をよく反射する鉛直な壁がある。一定の速さ u で壁に近づいてきた列車の先頭がある地点を通過した瞬間に，先頭にある警笛から振動数 f_0 の警笛音が鳴り始めた。しばらく経つと，客車中にいる観測者には，列車から直接聞こえる警笛音と，壁から反射してきた警笛音が混じってうなりが聞こえた。ただし，音速を V とし，列車の高さ，観測者の高さは無視できるものとし，観測者の位置は警笛の位置と一致するものとする。

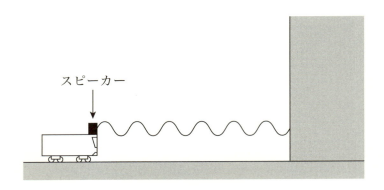

問2 観測者に聞こえた1秒間あたりのうなりの回数はどのように表されるか。正しいものを，次の①～⑥の中から一つ選びなさい。 | 11 |

① $\dfrac{u}{V-u}f_0$ ② $\dfrac{2u}{V-u}f_0$ ③ $\dfrac{u}{V+u}f_0$

④ $\dfrac{2u}{V+u}f_0$ ⑤ $\dfrac{uV}{V^2-u^2}f_0$ ⑥ $\dfrac{2uV}{V^2-u^2}f_0$

C 次の図のように，空気中に半径 R の球面をもつ平凸レンズを平面ガラスの上に置き，真上から赤い単色光を当てて上方から観察すると，レンズとガラス板との接点 O を中心とする同心円状の明暗の縞模様が見えた。この状態から，次の3つの操作を行った。(a) 下方から観察する。(b) 青色の単色光に変更する。(c) 平凸レンズをゆっくりと真上へ持ち上げる。

ただし，点 O から距離 x の位置にある点 P での空気層の厚さ d は，$d = \dfrac{x^2}{2R}$ と表されるものとする。

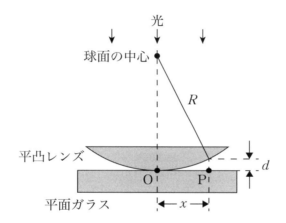

問3 (a)の操作で，明暗の状態はどのように変化するか。また，(b)，(c)の操作で，内側から数えて m 番目の暗環の半径はそれぞれどのように変化するか。正しい組み合わせを，次の①〜⑧の中から一つ選びなさい。 |12|

	(a) 明暗の状態	(b) 暗環の半径	(c) 暗環の半径
①	変化なし	小さくなる	小さくなる
②	変化なし	小さくなる	大きくなる
③	変化なし	大きくなる	小さくなる
④	変化なし	大きくなる	大きくなる
⑤	明暗が反転	小さくなる	小さくなる
⑥	明暗が反転	小さくなる	大きくなる
⑦	明暗が反転	大きくなる	小さくなる
⑧	明暗が反転	大きくなる	大きくなる

Ⅳ 次の問い A（問1），B（問2），C（問3），D（問4），E（問5），F（問6）に答えなさい。

A 次の図のように，正に帯電した帯電体と箔検電器を用いて，(a)から(d)の手順で実験を行った。
(a) 帯電していない箔検電器の金属板に，正に帯電した帯電体を近づける。
(b) 帯電体を近づけたまま，金属板に指で触れる。
(c) 帯電体を近づけたまま，指を金属板からはなす。
(d) 帯電体を金属板から遠ざける。

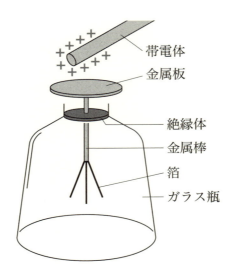

問1 実験後の箔検電器の箔の部分に存在する電荷の分布状態，および箔の開閉はそれぞれどのようになるか。正しい組み合わせを，次の①～④の中から一つ選びなさい。
　13

	電荷の分布状態	箔の開閉
①	正に帯電	開く
②	正に帯電	閉じる
③	負に帯電	開く
④	負に帯電	閉じる

B 次の図のように，面積が等しくじゅうぶんに大きな同形の極板 X，Y からなる平行板コンデンサーがあり，極板の間隔は $3d$，電気容量は C である。このコンデンサーの極板の間に十分に薄く同形の金属板 Z を，極板 X から d，極板 Y から $2d$ 離れた位置に挿入し，電圧 V の電池を図のように接続した。ただし，電池を接続する前には，極板 X，Y および金属板 Z は帯電していないものとする。

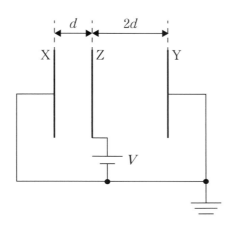

問 2 電池を接続してじゅうぶん時間が経過した後，金属板 Z に蓄えられた電荷はどのように表されるか。正しいものを，次の①～⑥の中から一つ選びなさい。 | 14 |

① $\dfrac{3}{2}CV$ 　　　② $\dfrac{9}{4}CV$ 　　　③ $3CV$

④ $4CV$ 　　　⑤ $\dfrac{9}{2}CV$ 　　　⑥ $6CV$

C 次の図のように，端子 a，b 間に抵抗値 R の抵抗 12 個を接続した対称的な回路がある。

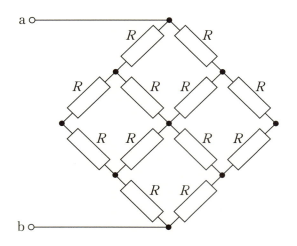

問 3 端子 ab 間の合成抵抗はどのように表されるか。正しいものを，次の①〜⑥の中から一つ選びなさい。　15

① $\frac{1}{2}R$　　　② R　　　③ $\frac{3}{2}R$

④ $2R$　　　⑤ $3R$　　　⑥ $4R$

D 次の図のように，円形電流の中央にできる磁場を利用して地磁気の磁束密度の水平成分を測定する装置を組み立てた。円形導線が張る面を yz 面に，その中央に方位磁針を置き，導線には電池，スイッチ，電流計，すべり抵抗器が直列に接続されている。半径 r の円形導線に大きさ I_1 の電流を流したところ，方位磁針の針が北から東の方向に $30°$ ふれて静止した。次に，半径 $2r$ の円形導線に大きさ I_2 の電流を流したところ，同様に $45°$ ふれて静止した。

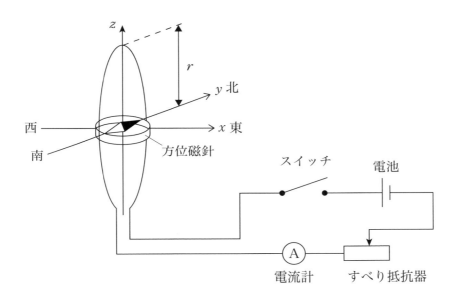

問 4 $\dfrac{I_2}{I_1}$ はいくらか。正しい値を，次の①〜⑥の中から一つ選びなさい。 | 16 |

① $\sqrt{3}$ ② $\sqrt{6}$ ③ $2\sqrt{2}$
④ 3 ⑤ $2\sqrt{3}$ ⑥ $3\sqrt{2}$

E 次の図のような，不純物を含む，3辺の長さが a, b, c である直方体のケイ素（Si）の結晶がある。磁束密度 B の一様な磁場を z 軸の正の向きにかけると，側面 S_1，S_2 は帯電し，S_1S_2 間に x 軸の向きの電場が生じる。この電場による静電気力とローレンツ力がつり合うと，残りの電荷は平均の速さ v で y 軸の正の向きに電流となって流れる。S_2 を接地して測定すると，S_1 の電位の符号は負であった。

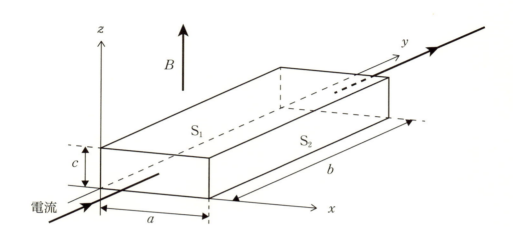

問5 この結晶中のキャリアは電子，ホール（正孔）のどちらか。また，S_1 の電位はどのように表されるか。正しい組み合わせを，次の①〜⑥の中から一つ選びなさい。

|17|

	キャリアの種類	S_1 の電位
①	電子	$-vBa$
②	電子	$-vBb$
③	電子	$-vBc$
④	ホール	$-vBa$
⑤	ホール	$-vBb$
⑥	ホール	$-vBc$

F 次の図のように，水平面と角度 θ をなす斜面に沿って，間隔 L の 2 本のなめらかな導体レールがあり，その上で，質量 m の太さが無視できる導体棒が動く。棒は L よりも長く，つねにレールに垂直である。斜面に垂直かつ下向きに磁束密度 B の一様な磁場が斜面全体にかけられている。レールの下端には抵抗値 R の抵抗が接続されている。ただし，レールは十分に長いものとし，棒およびレールの抵抗や回路の自己誘導は無視できるものとする。また，重力加速度の大きさを g とする。

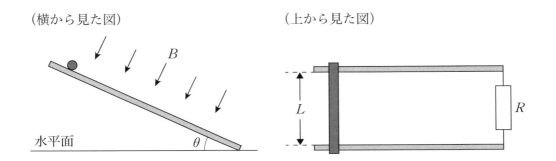

問 6 棒を静かにはなしてじゅうぶん時間が経過した後，棒の速さは一定になる。この速さはどのように表されるか。正しいものを，次の①～⑥の中から一つ選びなさい。

18

① $\dfrac{mgR\sin\theta}{BL}$　　② $\dfrac{mgR\cos\theta}{BL}$　　③ $\dfrac{mg\sin\theta}{BLR}$

④ $\dfrac{mgR\sin\theta}{B^2L^2}$　　⑤ $\dfrac{mgR\cos\theta}{B^2L^2}$　　⑥ $\dfrac{mg\sin\theta}{B^2L^2R}$

$\boxed{V}$ 次の問い **A**（**問1**）に答えなさい。

A 静止しているホウ素 $^{10}_{5}\text{B}$ に中性子 $^{1}_{0}\text{n}$ を当てると，$^{10}_{5}\text{B} + ^{1}_{0}\text{n} \longrightarrow ^{7}_{3}\text{Li} + ^{4}_{2}\text{He}$ という核反応が起こる。この核反応により生じるエネルギーは 2.8 MeV である。ホウ素に当てたときの中性子の運動エネルギーは無視でき，原子核の質量はその質量数に比例するものとする。

問1 生成したリチウム $^{7}_{3}\text{Li}$ の原子核の運動エネルギーは何 MeV か。最も適当な値を，次の①～⑤の中から一つ選びなさい。 $\boxed{19}$ MeV

① 0.60   ② 1.0   ③ 1.4   ④ 1.8   ⑤ 2.2

第 ② 回　模擬試験

解答時間：40分

2

I 次の問い **A**（問1），**B**（問2），**C**（問3），**D**（問4），**E**（問5），**F**（問6）に答えなさい。ただし，重力加速度の大きさを g とし，空気の抵抗は無視できるものとする。

A 次の図のように，水平方向右向きに x 軸，鉛直方向上向きに y 軸をとる。原点Oにある小球Pを速さ v_0 で x 軸から θ の角度で投げ出すと同時に，点 $(3gT^2, 4gT^2)$ から小球Qを水平に x 軸の正の向きへ速さ $\frac{1}{2}gT$ で投げ出したところ，PはQに水平方向から衝突した。ただし，T は時間の次元をもつ定数である。

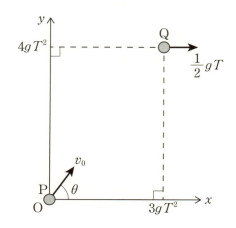

問1 v_0 はどのように表されるか。また，$\tan\theta$ はいくらか。正しい組み合わせを，次の①〜⑤の中から一つ選びなさい。　**1**

	①	②	③	④	⑤
v_0	$\frac{\sqrt{13}}{2}gT$	$\frac{5}{2}gT$	$2\sqrt{2}\,gT$	$\frac{5}{2}gT$	$\frac{\sqrt{13}}{2}gT$
$\tan\theta$	$\frac{2}{3}$	$\frac{3}{4}$	1	$\frac{4}{3}$	$\frac{3}{2}$

B 次の図のように，長さ 6.00 m，質量 84.0 kg の一様な薄い板 AB がくさび形の支柱 P，Q で支えられている。AP = x [m]，QB = 1.00 m である。質量 60.0 kg の物体を板の左端 A に静かに乗せたところ，Q で板が上がった。

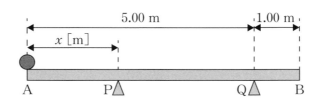

問 2 このようなことが起こる x の最小値は何 m か。最も適当な値を，次の①〜⑥の中から一つ選びなさい。　　2　m

① 1.25　　② 1.50　　③ 1.60
④ 1.75　　⑤ 1.80　　⑥ 2.00

C 図1のように，水を通さない一様な物質でできた体積 V, 高さ h の直方体 A を密度 ρ_W の水に入れたところ，水面より上に出ている部分の高さが h_0 の状態で A は静止した。この状態から，体積 $\dfrac{V}{2}$ の物体 B を軽くて細い糸で A の下面中央からつり下げたところ，図2のように，A は $\dfrac{1}{3}h_0$ だけ沈んで静止した。

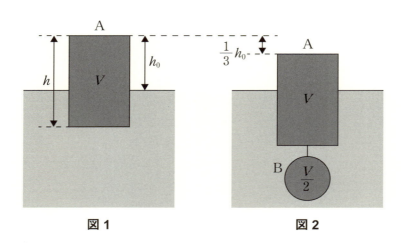

図1　　　　　　　　　図2

問3 物体 B の密度はどのように表されるか。正しいものを，次の①〜⑥の中から一つ選びなさい。　　3

① $\left(\dfrac{5}{3} - \dfrac{2h_0}{3h}\right)\rho_W$　　② $\left(1 + \dfrac{2h}{3h_0}\right)\rho_W$　　③ $\left(1 + \dfrac{2h_0}{3h}\right)\rho_W$

④ $\left(\dfrac{5}{2} - \dfrac{3h_0}{2h}\right)\rho_W$　　⑤ $\left(1 + \dfrac{3h}{2h_0}\right)\rho_W$　　⑥ $\left(1 + \dfrac{3h_0}{2h}\right)\rho_W$

D 次の図のように，水平でなめらかな床の上に質量 $4m$ の台があり，台の内面は点 O を中心とした半径 r のなめらかな半円筒面になっている。質量 m の小球を半円筒面の上端 A から静かにはなしたところ，小球は図の鉛直平面内で内面に沿って運動した。ただし，台の形状は点 O を通る鉛直線に関して対称であり，台の密度は一様であるものとする。

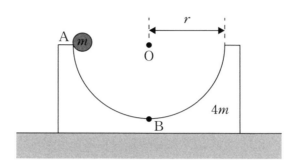

問 4 小球が最下点 B を通過する瞬間の床に対する小球の速さ，および小球が A から B まで移動する際の水平移動距離はどのように表されるか。正しい組み合わせを，次の①～⑥の中から一つ選びなさい。 [4]

	小球の速さ	水平移動距離
①	$\dfrac{\sqrt{10gr}}{10}$	$\dfrac{3}{4}r$
②	$\dfrac{\sqrt{10gr}}{10}$	$\dfrac{4}{5}r$
③	$\dfrac{\sqrt{10gr}}{5}$	$\dfrac{3}{4}r$
④	$\dfrac{\sqrt{10gr}}{5}$	$\dfrac{4}{5}r$
⑤	$\dfrac{2\sqrt{10gr}}{5}$	$\dfrac{3}{4}r$
⑥	$\dfrac{2\sqrt{10gr}}{5}$	$\dfrac{4}{5}r$

E 次の図のような，斜面 AB をなすレールと点 B でなめらかにつながった半径 r の円形レール，それになめらかに続く水平なレール BC からなるループコースターがある。斜面 AB 上の高さ $2r$ の位置から質量 m の小球を静かにはなしてレールに沿って滑らせると，小球は高さ h の位置で円形レールの内側から離れた。レールは鉛直面内にあり，小球とレールとの間の摩擦は無視できるものとする。

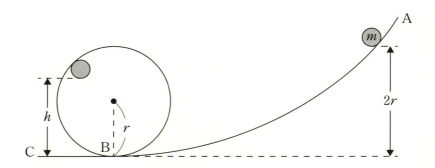

問 5 h はどのように表されるか。正しいものを，次の①〜⑥の中から一つ選びなさい。

5

① $\dfrac{7}{6}r$　　　② $\dfrac{4}{3}r$　　　③ $\dfrac{3}{2}r$

④ $\dfrac{5}{3}r$　　　⑤ $\dfrac{11}{6}r$　　　⑥ $2r$

F 次の図のように,半径 R の地球のまわりを半径 $2R$ の円状の軌道 1 で周回する人工衛星がある。軌道 1 での等速円運動の速さを v_1 とする。次に,軌道 1 上の点 A において,人工衛星にエネルギーを与えて速度の方向に瞬間的に加速させたところ,人工衛星は地球を焦点の 1 つとする長半径 $4R$ のだ円状の軌道 2 に移行した。このときの点 A における人工衛星の速さを v_2 とする。ただし,地球を一様な球とし,人工衛星にはたらく力は,地球との間の万有引力のみとする。

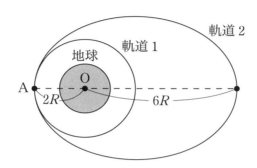

問 6 $\dfrac{v_2}{v_1}$ はいくらか。正しい値を,次の①〜⑥の中から一つ選びなさい。　6

① $\dfrac{\sqrt{6}}{2}$　　　② $\sqrt{2}$　　　③ $\dfrac{3}{2}$

④ $\sqrt{6}$　　　⑤ $\dfrac{2\sqrt{6}}{3}$　　　⑥ 2

Ⅱ 次の問い A（問1），B（問2），C（問3）に答えなさい。

A 熱容量が無視できる容器の中に，−10℃の氷 m〔g〕を入れ，50℃の水 $4m$〔g〕を加えてしばらく置いたところ，氷がすべて融けて一定温度の水になった。ただし，氷の比熱を c〔J/(g·K)〕，水の比熱を $2c$〔J/(g·K)〕，氷の融解熱を $160c$〔J/g〕とし，熱は外部に逃げないものとする。

問1 最終的に全体の温度は何℃になったか。最も適当な値を，次の①〜⑥の中から一つ選びなさい。 $\boxed{7}$ ℃

① 21   ② 23   ③ 25   ④ 28   ⑤ 30   ⑥ 32

B 次の図のように，容積 V の容器 A と容積 $3V$ の容器 B があり，それらが容積や熱伝導の無視できる管でつながれている。最初に，この連結容器に物質量 n_0 の単原子分子理想気体を閉じ込めたところ，両方の容器の温度が T_0 であった。次に，B の温度を T_0 に保ったまま A を加熱して A 内の気体の温度を $2T_0$ に上げ，状態が変化しなくなるまで放置した。ただし，温度はすべて絶対温度とし，気体定数を R とする。

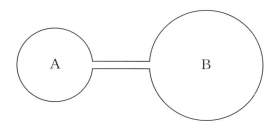

問 2 加熱による内部エネルギーの増加量 ΔU はどのように表されるか。正しいものを，次の①〜⑥の中から一つ選びなさい。 **8**

① $\dfrac{1}{14}n_0RT_0$　　② $\dfrac{3}{14}n_0RT_0$　　③ $\dfrac{5}{14}n_0RT_0$

④ $\dfrac{1}{2}n_0RT_0$　　⑤ $\dfrac{9}{14}n_0RT_0$　　⑥ $\dfrac{15}{14}n_0RT_0$

C 次の図のように，一定量の単原子分子理想気体を，A → B → C → A の順にゆっくりと変化させた。A → B は定積変化，B → C は等温変化，C → A は定圧変化であり，B → C で気体は外部に対して大きさ $3.3p_0V_0$ の仕事をした。

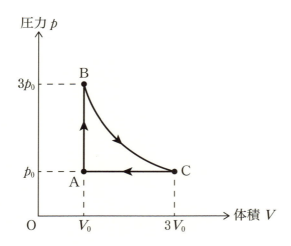

問 3 このサイクルを熱機関とみなしたときの熱効率はいくらか。最も適当な値を，次の ①～⑥ の中から一つ選びなさい。 9

① 0.10 ② 0.12 ③ 0.14
④ 0.16 ⑤ 0.18 ⑥ 0.21

III 次の問い A（問1），B（問2），C（問3）に答えなさい。

A　x軸の負の向きに速さ 25 cm/s で進む正弦波があり，次の図は時刻 $t = 0$ [s] における波形（媒質の位置 x [cm] と変位 y [cm] の関係）を示したものである。

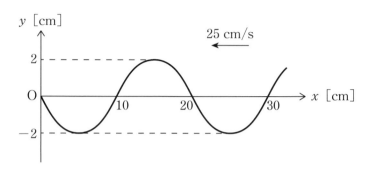

問1　時刻 t [s] における位置 x [cm] での媒質の変位 y [cm] はどのように表されるか。最も適当なものを，次の①～⑧の中から一つ選びなさい。　10

① $y = 2.0 \sin 2\pi \left(\dfrac{5t}{4} - \dfrac{x}{20} \right)$　　　② $y = 2.0 \sin 2\pi \left(\dfrac{5t}{2} - \dfrac{x}{20} \right)$

③ $y = 2.0 \sin 2\pi \left(\dfrac{5t}{4} + \dfrac{x}{20} \right)$　　　④ $y = 2.0 \sin 2\pi \left(\dfrac{5t}{2} + \dfrac{x}{20} \right)$

⑤ $y = -2.0 \sin 2\pi \left(\dfrac{5t}{4} - \dfrac{x}{20} \right)$　　⑥ $y = -2.0 \sin 2\pi \left(\dfrac{5t}{2} - \dfrac{x}{20} \right)$

⑦ $y = -2.0 \sin 2\pi \left(\dfrac{5t}{4} + \dfrac{x}{20} \right)$　　⑧ $y = -2.0 \sin 2\pi \left(\dfrac{5t}{2} + \dfrac{x}{20} \right)$

B 次の図のように，内径が一様な円筒形のガラス管の中に自由に移動できるピストンをはめ込んで閉管とした。ガラス管の左端（管口）付近に置いたスピーカーから一定の振動数 f [Hz] の音を出す。最初に管口の位置にあったピストンをゆっくりと右に移動させていき，2回目の共鳴が起こった位置でピストンを固定した。図の曲線は，ある時刻（$t = 0$ [s]）における管内の空気の縦波による変位を横波として表したものである（x 軸の正の向きの変位を，y 軸の正の向きに表す）。

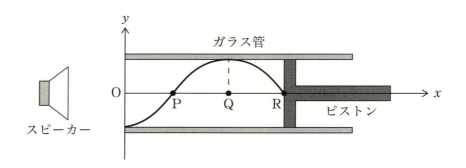

問2 時刻 $t = 0$ [s] および時刻 $t = \dfrac{3}{2f}$ [s] において，管内の空気が最も密である位置はそれぞれどこか。正しい組み合わせを，次の①〜⑨の中から一つ選びなさい。 |11|

	①	②	③	④	⑤	⑥	⑦	⑧	⑨
$t = 0$ s	P	P	P	Q	Q	Q	R	R	R
$t = \dfrac{3}{2f}$ [s]	P	Q	R	P	Q	R	P	Q	R

C 次の図のような装置を用いて，空気（屈折率 1）中で光の干渉実験を行った。波長 λ の理想的な単色光のレーザー光を出す光源を用いて，単スリット S_0 と 2 本のスリット S_1，S_2 を通してスクリーン上にできる干渉縞を観察した。2 本のスリットの間隔を d，スリットからスクリーンまでの距離を L とする。次に，屈折率が n ($n > 1$) で，厚さが a の透明な薄膜をスリット S_1 の左側に S_0S_1 に垂直に置いて，同様に干渉縞を観察した。ただし，スクリーン中央の点 O から距離 x の位置にある点を P とすると，S_1P と S_2P の距離の差は $\dfrac{d}{L}x$ と表されるものとする。

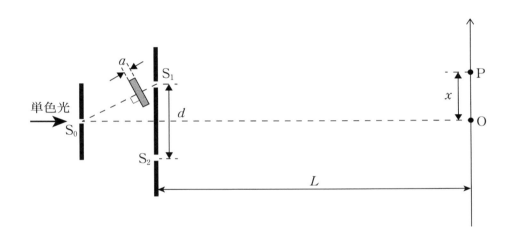

問 3 薄膜を置く前と干渉縞の位置が一致する（ただし，縞の次数は異なる）ときの薄膜の厚さ a の最小値はどのように表されるか。正しいものを，次の①～⑥の中から一つ選びなさい。 $\boxed{12}$

① $(n-1)\lambda$ ② $n\lambda$ ③ $(n+1)\lambda$

④ $\dfrac{\lambda}{n-1}$ ⑤ $\dfrac{\lambda}{n}$ ⑥ $\dfrac{\lambda}{n+1}$

IV

次の問い **A（問1），B（問2），C（問3），D（問4），E（問5），F（問6）** に答えなさい。

A

次の図のように，z 軸に沿った無限に長い線上に単位長さあたりの電気量が $Q\,(Q>0)$ の電荷が一様に分布しており，点 A $(2a, 0, 0)$ を通り yz 平面に平行な無限に広い平面 α 上に単位面積あたりの電気量が $q\,(q>0)$ の電荷が一様に分布している。このとき，点 B $\left(a, \dfrac{a}{\sqrt{3}}, 0\right)$ に置かれた正の点電荷が受ける力の向きが y 軸の正の向きであった。

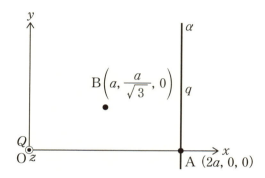

問1 Q はどのように表されるか。正しいものを，次の①〜⑥の中から一つ選びなさい。 $\boxed{13}$

① $\dfrac{2}{3}aq$ 　　② $\dfrac{2\sqrt{3}}{3}aq$ 　　③ $\dfrac{4}{3}aq$

④ $\dfrac{2}{3}\pi aq$ 　　⑤ $\dfrac{2\sqrt{3}}{3}\pi aq$ 　　⑥ $\dfrac{4}{3}\pi aq$

B　次の図のように，起電力 V_0 の電源，電気容量 C, $2C$ のコンデンサー，抵抗値 R, R, $2R$ の抵抗，およびスイッチSを接続して回路をつくった。2個のコンデンサーに電荷が蓄えられていない状態から，次の(a), (b)の操作を順に行った。ただし，操作(b)により失われた静電エネルギーはすべて抵抗で消費されたものとする。

(a)　スイッチSを端子aに接続して，じゅうぶん時間を経過させた。

(b)　スイッチSを端子aから端子bに切り換えて，じゅうぶん時間を経過させた。

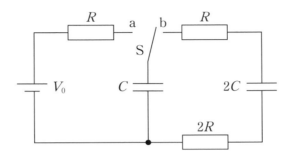

問2　操作(b)によって抵抗値 $2R$ の抵抗で消費された電気エネルギーはどのように表されるか。正しいものを，次の①～⑥の中から一つ選びなさい。　**14**

① $\dfrac{1}{9}CV_0^2$　　② $\dfrac{2}{9}CV_0^2$　　③ $\dfrac{1}{3}CV_0^2$

④ $\dfrac{4}{9}CV_0^2$　　⑤ $\dfrac{2}{3}CV_0^2$　　⑥ $\dfrac{8}{9}CV_0^2$

C 次の図のように,内部抵抗 r_A の電流計と内部抵抗 r_V の電圧計を用いて,抵抗 R の抵抗値を測定するため,図1,図2の2種類の回路をつくった。それぞれの回路において,電圧計の読みを V,電流計の読みを I とするとき,図1の場合の $\frac{V}{I}$ の値を R_1 とする。また,R の真の抵抗値を R とする。

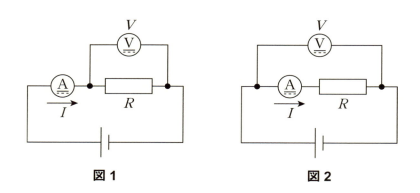

図1　　　　　　　　図2

問3 R_1 はどのように表されるか。また,R が非常に大きいときに測定に適しているのはどちらの回路か。正しい組み合わせを,次の①〜⑧の中から一つ選びなさい。 |15|

	R_1	適当な回路
①	$R + r_A$	図1
②	$R + r_A$	図2
③	$R + r_V$	図1
④	$R + r_V$	図2
⑤	$\dfrac{Rr_A}{R + r_A}$	図1
⑥	$\dfrac{Rr_A}{R + r_A}$	図2
⑦	$\dfrac{Rr_V}{R + r_V}$	図1
⑧	$\dfrac{Rr_V}{R + r_V}$	図2

D 断面積 S, 長さ l の導線を半径 a の円筒状に密に巻いて一定の長さ L のソレノイドをつくり, 両端に起電力 E, 内部抵抗 r の電池を接続した。銅の抵抗率を ρ とし, 電池の起電力や内部抵抗は一定で, 発熱による導線の抵抗率や体積の変化はないものとする。また, a は l に比べて十分に小さいものとする。

問 4 l を変化させたとき, ソレノイド内部に生じる磁場の強さ H の変化はどうなるか。最も適当なグラフを, 次の①〜⑤の中から一つ選びなさい。 16

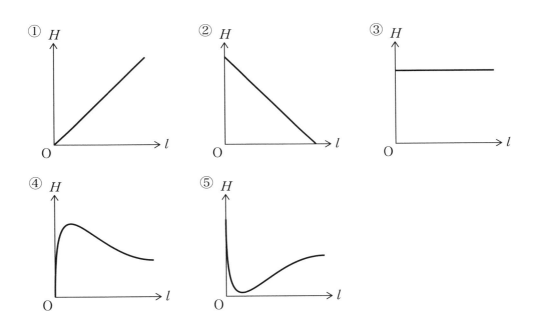

E 次の図のように，フィラメント（陰極）Fで発生した電子（質量 m，電気量 $-e$）は，Fと陽極 A_1 との間の電位差 V で加速され，直進して中心軸上の小さな穴があいたスリット A_2 を，中心軸と角度 θ をなすように通過する。A_2 から距離 L の位置には蛍光スクリーンSが置かれ，A_2 とSの間にのみ中心軸方向に磁束密度 B の一様な磁場がかけられている。A_2 を通過した電子は，ある軌道を描いた後，Sではじめて中心軸上に達して衝突し，蛍光を発生させた。ただし，重力および地磁気の影響，電子の回折は無視できるものとする。

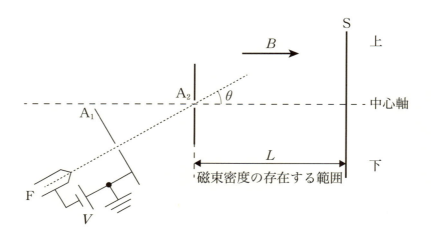

問 5 電子の比電荷 $\dfrac{e}{m}$ はどのように表されるか。正しいものを，次の①〜⑥の中から一つ選びなさい。 $\boxed{17}$

① $\dfrac{2\pi^2 V \sin^2\theta}{B^2 L^2}$ ② $\dfrac{2\pi^2 V \cos^2\theta}{B^2 L^2}$ ③ $\dfrac{4\pi^2 V \sin^2\theta}{B^2 L^2}$

④ $\dfrac{4\pi^2 V \cos^2\theta}{B^2 L^2}$ ⑤ $\dfrac{8\pi^2 V \sin^2\theta}{B^2 L^2}$ ⑥ $\dfrac{8\pi^2 V \cos^2\theta}{B^2 L^2}$

F 図1のように，磁束密度 $2B$ で紙面に垂直で裏から表へ向かう向きの一様な磁場の領域と，磁束密度 B で紙面に垂直で表から裏へ向かう向きの一様な磁場の領域が隣接していて，その左側には磁場がない空間があり，半径 a の4分円の扇形のコイルを点 O を中心として紙面内で一定の角速度 ω で回転させた。OP が OA と重なる時刻を $t = 0$ とし，O → P → Q → O の向きを誘導起電力 V の正の向きとしたとき，V と $t \left(0 \leq t \leq \dfrac{3\pi}{2\omega}\right)$ の関係を表すグラフが図2のようになった。ただし，回路の自己誘導は無視できるものとする。

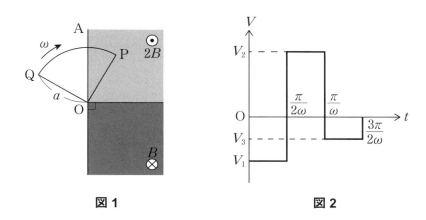

図1　　　　　　図2

問 6 V_2 はどのように表されるか。正しいものを，次の①〜⑥の中から一つ選びなさい。 18

① $\dfrac{1}{2}Ba^2\omega$　　② $\dfrac{3}{4}Ba^2\omega$　　③ $Ba^2\omega$

④ $\dfrac{3}{2}Ba^2\omega$　　⑤ $2Ba^2\omega$　　⑥ $3Ba^2\omega$

V

次の問い A（問 1）に答えなさい。

A $^{14}_{6}C$ は炭素の放射性同位体で、半減期 5730 年で β 崩壊する。$^{14}_{6}C$ はその生成と崩壊のバランスにより、炭素 1g あたり毎分 15.3 個の β 崩壊が起こる量に相当する割合で大気中に含まれており、この割合は長い年月の間、ほぼ一定に保たれているものとする。$^{14}_{6}C$ は生きている生物体にも大気中と同じ割合で存在するが、生物体が死ぬと、その時点から $^{14}_{6}C$ を新たに取り込めなくなり、体内にある $^{14}_{6}C$ の割合は半減期に従って減少する。ある遺跡から見つかった木片に含まれる炭素を調べると、炭素 1g あたり毎分 4.6 個の割合で $^{14}_{6}C$ の β 崩壊が起きていた。ただし、必要に応じて下のグラフから数値を読み取ってよいものとする。

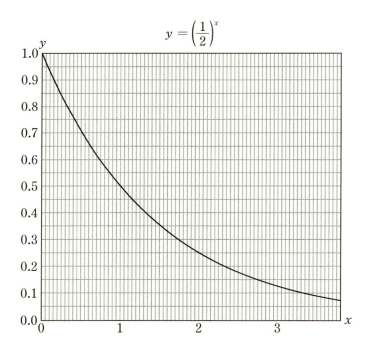

問 1 この木片は約何年前のものか。最も適当な値を、次の①～⑤の中から一つ選びなさい。　**19** 年前

① 7.4×10^3 ② 8.6×10^3 ③ 1.0×10^4
④ 1.2×10^4 ⑤ 1.4×10^4

第 ③ 回　模擬試験

解答時間：40分

3

I 次の問い A（問1），B（問2），C（問3），D（問4），E（問5），F（問6）に答えなさい。ただし，重力加速度の大きさを g とし，空気の抵抗は無視できるものとする。

A 次の図のように，水平面から 30° だけ傾いたなめらかな斜面がある。この斜面と水平面との交線を x 軸とし，斜面に沿って y 軸をとる。原点 O から斜面に沿って x 軸と 60° の角をなす向きに，速さ v_0 で小球を打ち出したところ，最高点 P から斜面を飛び出し，落下して水平面上の点 Q に到達した。図中の線分 PP′，QQ′ は x 軸と垂直であり，OP′ = L，P′Q′ = L' とおく。

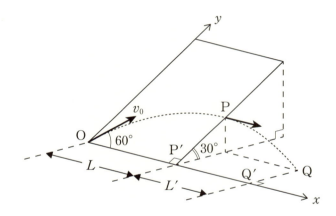

問1 $\dfrac{L'}{L}$ はいくらか。正しい値を，次の①〜⑥の中から一つ選びなさい。　1

① $\dfrac{1}{3}$　　　② $\dfrac{\sqrt{3}}{4}$　　　③ $\dfrac{\sqrt{3}}{3}$

④ $\dfrac{1}{2}$　　　⑤ $\dfrac{\sqrt{3}}{2}$　　　⑥ 1

B 次の図のように，一辺の長さ a の立方体の形をした質量 m の一様な物体が粗い水平面上に置かれており，物体の左上の角 A に水平方向と角度 45° をなす向きに力を加えた。その力の大きさ F を徐々に増加させたところ，F_0 をこえた瞬間に物体は滑ることなく傾き始めた。ただし，図は物体の重心を通る鉛直断面を示しているものとする。

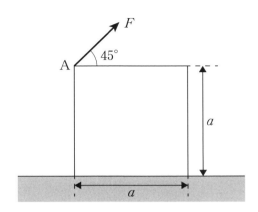

問2 物体と水平面との間の静止摩擦係数 μ が満たす条件として最も適当なものを，次の①〜⑥の中から一つ選びなさい。 2

① $\mu \geq \dfrac{1}{4}$　　　② $\mu \geq \dfrac{1}{3}$　　　③ $\mu \geq \dfrac{\sqrt{2}}{4}$

④ $\mu \geq \dfrac{\sqrt{2}}{3}$　　　⑤ $\mu \geq \dfrac{1}{2}$　　　⑥ $\mu \geq \dfrac{\sqrt{2}}{2}$

C 次の図のように，はじめは静止している質量 M の物体 A とはじめは空の軽い容器 B を軽くて伸び縮みしないひもでつないだ。傾きが 30° の粗い斜面上に A を置き，なめらかで軽い滑車を介して B をつり下げた。次に，B に少しずつ質量 m の水を入れて，m を 0 から徐々に増加させていった。A と斜面との間の静止摩擦係数を $\dfrac{\sqrt{3}}{2}$，動摩擦係数を $\dfrac{\sqrt{3}}{6}$ とする。

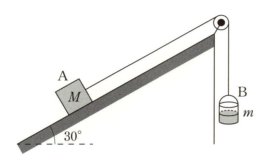

問 3 m を変化させると，ひもの張力の大きさ T はどのように変化するか。最も適当なグラフを，次の①〜④の中から一つ選びなさい。　3

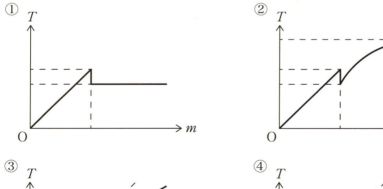

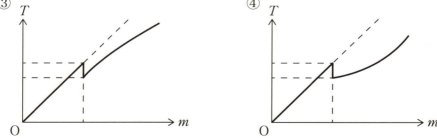

D　図1のような，燃料を除いた機体の質量がMで，最大$2M$まで燃料を搭載できるロケットがある。図2のように，燃料は燃焼ガスとして，（噴射直後の）ロケットから見て速さuで後方へ瞬間的に噴射される。燃料を完全に満たした速さvで移動するロケットを，次の(a)，(b)の2つの方法で燃料を噴射して加速させることを考える。

(a)　質量$2M$の燃料を1回噴射する。

(b)　質量Mの燃料を2回噴射する。

(a)，(b)の場合に得られる速さの変化量をそれぞれΔv_a，Δv_bとする。

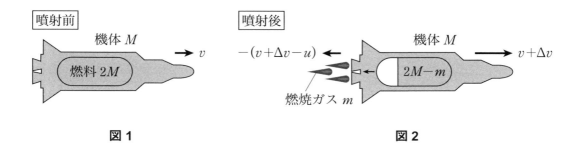

図1　　　　　　　　　　　　　図2

問4　$\dfrac{\Delta v_b}{\Delta v_a}$はいくらか。正しい値を，次の①〜⑥の中から一つ選びなさい。　4

① $\dfrac{3}{4}$　　② $\dfrac{5}{6}$　　③ 1　　④ $\dfrac{5}{4}$　　⑤ $\dfrac{4}{3}$　　⑥ $\dfrac{3}{2}$

E　次の図のように，水平面と角度30°をなすなめらかな斜面の下端に，ばね定数kの軽いばねの一端を固定し，他端に質量mの物体Aを固定すると，ばねが縮んでつり合って静止した。次に，Aを手で支えてばねの縮みを保ったまま，同じ質量mの物体BをAの上に乗せた。さらに，Aから手をはなしBに適当な力を瞬間的に加えると，AとBが互いに接した状態で，初速度の大きさv_0で斜面に沿って下向きに動き始めた。v_0がある値v_1より大きくなると，BはAを離れて運動するようになる。ただし，この運動で物体Aがばねの固定端に衝突することはないものとする。

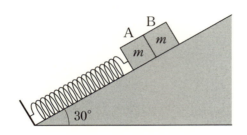

問5　v_1はどのように表されるか。正しいものを，次の①〜⑥の中から一つ選びなさい。　5

① $\dfrac{g}{4}\sqrt{\dfrac{2m}{k}}$　　② $\dfrac{g}{4}\sqrt{\dfrac{3m}{k}}$　　③ $\dfrac{g}{4}\sqrt{\dfrac{6m}{k}}$

④ $\dfrac{g}{2}\sqrt{\dfrac{2m}{k}}$　　⑤ $\dfrac{g}{2}\sqrt{\dfrac{3m}{k}}$　　⑥ $\dfrac{g}{2}\sqrt{\dfrac{6m}{k}}$

F 次の図のように，半径 R の地球のまわりを半径 $2R$ の円状の軌道1で周回する人工衛星がある。軌道1での等速円運動の周期を T_1 とする。次に，軌道1上の点Aにおいて，人工衛星にエネルギーを与えて速度方向に瞬間的に加速させたところ，人工衛星は地球を焦点の1つとする長半径 $4R$ のだ円状の軌道2に移行した。軌道2での周期を T_2 とする。ただし，地球を一様な球とし，人工衛星にはたらく力は，地球との間の万有引力のみとする。

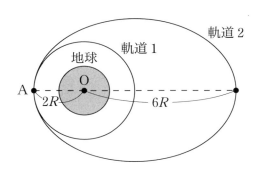

問6 $\dfrac{T_2}{T_1}$ はいくらか。正しい値を，次の①～⑥の中から一つ選びなさい。 6

① 2   ② $\sqrt{6}$ ③ $2\sqrt{2}$
④ $2\sqrt{3}$ ⑤ 4   ⑥ $3\sqrt{2}$

Ⅱ 次の問い A（問1），B（問2），C（問3）に答えなさい。

A 次の図のような長さ1.0 mの断熱容器の中に，質量1.0 gの鉛の小片を500個入れて，容器の上下を手早く逆転させる動きを100回繰り返した。鉛の比熱を0.13 J/(g·K)，重力加速度の大きさを9.8 m/s² とし，空気の熱容量は無視でき，断熱は完全であるものとする。また，この操作により加えられた仕事はすべて鉛の小片がもつ熱エネルギーに変換されたものとする。

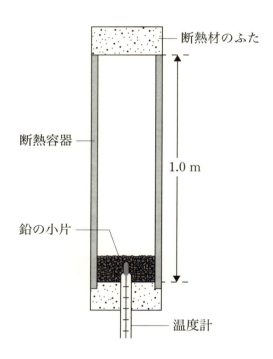

問1 鉛の小片の温度は何℃上昇するか。最も適当な値を，次の①～⑥の中から一つ選びなさい。　　　　7 ℃

① 0.38　　　② 0.75　　　③ 1.5
④ 3.8　　　⑤ 7.5　　　⑥ 15

B 図1のように，質量 m，断面積 S のなめらかに動くピストンが付いたシリンダーが水平に置かれており，その中に単原子分子理想気体が封入されている。ピストンおよびシリンダーは断熱材でできており，気体は大気圧 p_0 の外気と断熱されている。このとき，気体の絶対温度は T_0 であった。このシリンダーを十分にゆっくりと起こし，図2のように鉛直に立てると，気体の絶対温度は T_1 になった。ただし，この理想気体の断熱変化では，圧力 p と体積 V の間には「$pV^{\frac{5}{3}} = $ 一定」の関係が成り立ち，重力加速度の大きさを g とする。

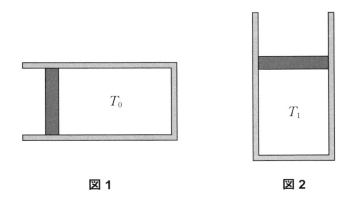

図1 図2

問2 $\dfrac{T_1}{T_0}$ はどのように表されるか。正しいものを，次の①〜⑥の中から一つ選びなさい。

8

① $\left(\dfrac{p_0 S}{p_0 S + mg}\right)^{\frac{2}{5}}$ ② $\left(\dfrac{p_0 S}{p_0 S - mg}\right)^{\frac{2}{5}}$ ③ $\left(1 + \dfrac{mg}{p_0 S}\right)^{\frac{2}{5}}$

④ $\left(\dfrac{p_0 S}{p_0 S + mg}\right)^{\frac{3}{5}}$ ⑤ $\left(\dfrac{p_0 S}{p_0 S - mg}\right)^{\frac{3}{5}}$ ⑥ $\left(1 + \dfrac{mg}{p_0 S}\right)^{\frac{3}{5}}$

C 一定量の理想気体をなめらかに動くピストンが付いたシリンダーに閉じ込めて，次の V–T グラフのように，状態を A → B → C → A と変化させた。ただし，状態 A での圧力を p_0 とする。

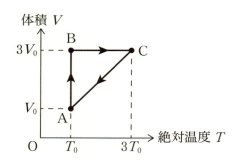

問3 この状態変化を p–V グラフで表すとどうなるか。最も適当なグラフを，次の①〜④の中から一つ選びなさい。　　9

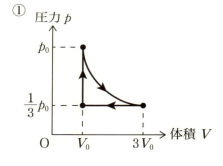

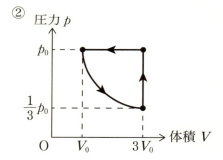

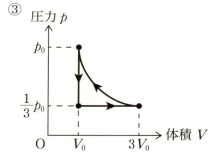

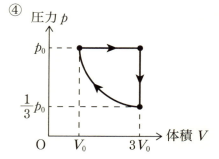

III 次の問い A（問1），B（問2），C（問3）に答えなさい。

A 次の図のように，鉛直な壁で区切られた水面上の1点Oに波源があり，波長λで一定の振動数の波が連続的に送り出されている。図中の線分OAは長さ$\frac{5}{2}\lambda$で壁に垂直，線分OPは長さ12λで壁と平行である。波は壁で自由端反射し（反射の際に位相は変化せず），波の減衰は無視できるものとする。

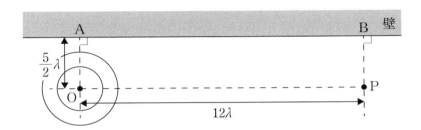

問1 点Pにおいて，直接波と反射波は強め合うか弱め合うか。また，線分OP上（両端を含む）に波が弱め合う点は何個あるか。正しい組み合わせを，次の①〜⑥の中から一つ選びなさい。 **10**

	点P	波が弱め合う点の数
①	強め合う	3個
②	強め合う	4個
③	強め合う	5個
④	弱め合う	3個
⑤	弱め合う	4個
⑥	弱め合う	5個

B 次の図のように,振動数 f の音波を出す音源 A と振動数が不明な音源 B の音を,A と B の間にいる観測者 O が観測する。

(a) A と B を固定したとき,1 秒間に n 回のうなりを観測した。

(b) B を固定し,A を直線 OA 上で O から遠ざかる向きに一定の速さで移動させたところ,うなりが消えた。

(c) A と B を固定し,O が直線 AB 上を一定の速さ v_O で移動したところ,うなりが消えた。

ただし,(a), (b)では O は静止しているものとし,空気中の音速を V とする。

問 2 (c)において,観測者 O はどちら向きに移動したか。また,v_O はどのように表されるか。正しい組み合わせを,次の①〜⑥の中から一つ選びなさい。 **11**

	移動した向き	v_O
①	A に近づく向き	$\dfrac{n}{f-n}V$
②	A に近づく向き	$\dfrac{2n}{f-n}V$
③	A に近づく向き	$\dfrac{n}{2f-n}V$
④	B に近づく向き	$\dfrac{n}{f-n}V$
⑤	B に近づく向き	$\dfrac{2n}{f-n}V$
⑥	B に近づく向き	$\dfrac{n}{2f-n}V$

C 次の図のように,焦点距離 12 cm の凹レンズ L_1 と焦点距離が未知の凸レンズ L_2 を,光軸を一致させて間隔 15 cm 離して置いた。F_1 は凹レンズの焦点である。L_1 の前方 36 cm の位置に光源 O を置き,L_2 の後方 48 cm の位置にスクリーン S を置いたところ,鮮明な光源の像が観察された。

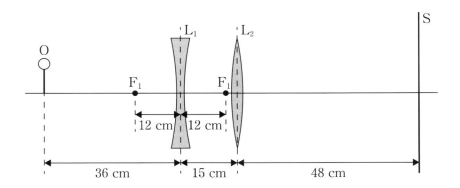

問 3 L_2 の焦点距離は何 cm か。最も適当な値を,次の①～⑥の中から一つ選びなさい。 **12** cm

① 12   ② 15   ③ 16   ④ 18   ⑤ 20   ⑥ 24

IV 次の問い A（問1），B（問2），C（問3），D（問4），E（問5），F（問6）に答えなさい。

A 次の図のように，xy 平面上の原点 O と点 A $(-d, 0)$ $(d > 0)$ にそれぞれ電気量 $+Q$，$-4Q$ $(Q > 0)$ の点電荷を固定した。原点 O から x 軸の正の向きに十分に離れた点（無限遠点）に，電気量 $+q$ $(q > 0)$，質量 m の点電荷 P を静かに置いたところ，x 軸上を負の向きに動き始め，正の x 軸上で電位が無限遠点と等しくなる点 B で原点 O に最も接近した。ただし，クーロンの法則の比例定数を k とし，点電荷には静電気力以外の力ははたらかないものとする。

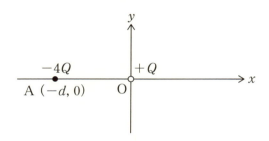

問1 点電荷 P が動き始めてから点 B に達するまでの間の，速さの最大値はどのように表されるか。正しいものを，次の①〜⑥の中から一つ選びなさい。 13

① $\dfrac{1}{2}\sqrt{\dfrac{kqQ}{md}}$ ② $\sqrt{\dfrac{kqQ}{2md}}$ ③ $\sqrt{\dfrac{kqQ}{md}}$

④ $\sqrt{\dfrac{2kqQ}{md}}$ ⑤ $2\sqrt{\dfrac{kqQ}{md}}$ ⑥ $2\sqrt{\dfrac{2kqQ}{md}}$

B 次の図のような，間隔 d で向かい合った極板の面積を同時に変えることができる平行板コンデンサーを考える。両極板は，同じ奥行き a の2枚の薄い導体板が部分的に重なり，左右の端には絶縁性の側板 A が取り付けられ，d が一定のまま導体板の重なりを調整することができる。最初に，極板の長さを l とし，スイッチ K を閉じて起電力 V の電池とつないで充電した（状態1）。次に，K を閉じたまま A に外力を加えて，極板の長さを $l + \Delta l$ に微小変化させた（状態2）。ただし，空気の誘電率を ε とし，極板間の電場は一様で，導体板は接しているが摩擦なしに滑らすことができるものとする。

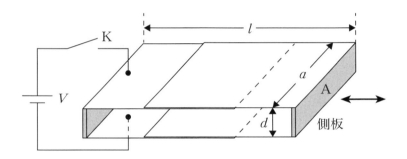

問2 状態1から状態2への変化によるコンデンサーに蓄えられた静電エネルギーの変化量 ΔU，および電池がした仕事 W は，それぞれどのように表されるか。正しい組み合わせを，次の①〜⑥の中から一つ選びなさい。ただし，$\dfrac{\varepsilon a V^2}{2d} = F$ とする。

14

	ΔU	W
①	$-F\Delta l$	$F\Delta l$
②	$-F\Delta l$	$2F\Delta l$
③	$-2F\Delta l$	$F\Delta l$
④	$F\Delta l$	$-F\Delta l$
⑤	$F\Delta l$	$2F\Delta l$
⑥	$2F\Delta l$	$F\Delta l$

C 図1のように,半導体ダイオード4個,抵抗2個,交流電源を接続して回路をつくった。Dに対するAの電位が図2(a)となるような交流電源をAD間に接続したところ,A〜Dのうちある2つの端子間の電位の出力波形が図2(b)のようになった。ただし,半導体ダイオードには順方向のみに電流が流れ,逆方向には流れないものとする。

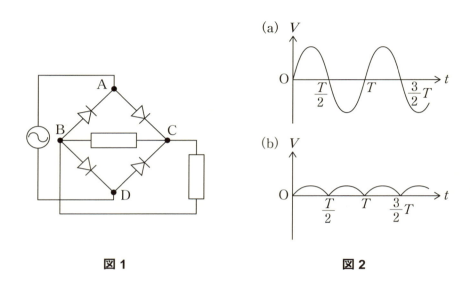

図1　　　　　　　　　　**図2**

問3 図2(b)の出力波形を与える2つの端子は,A〜Dのうちのどれか。電位の高低を含めて正しい組み合わせを,次の①〜⑧の中から一つ選びなさい。 **15**

	①	②	③	④	⑤	⑥	⑦	⑧
高電位(＋)側	A	B	A	D	B	C	B	D
低電位(－)側	B	A	D	A	C	B	D	B

D 図1のように，一辺の長さが a である正三角形の頂点を通り，紙面に垂直で互いに平行な3本の十分に長い直線導線 A，B，C がある。導線 A には紙面の表から裏の向き（⊗）に大きさ $2I$ の電流を，導線 B，C には紙面の裏から表の向き（⊙）に大きさ I の電流を流した。

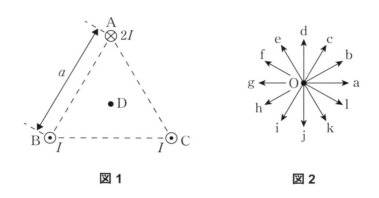

図1　　　　　　　　図2

問4 正三角形の重心である点 D における磁場はどの向きか。また，導線 A，B を流れる電流がつくる磁場から導線 C が受ける力の合力はどの向きか。正しい組み合わせを，次の①〜⑧の中から一つ選びなさい。ただし，向きは図2の a 〜 l で表すものとする。

16

	①	②	③	④	⑤	⑥	⑦	⑧
磁場の向き	a	a	a	a	g	g	g	g
合力の向き	b	c	d	f	h	i	j	l

E 次の図のように，xy平面に対して垂直（紙面の裏から表の向き）に磁束密度Bの一様な磁場がかかった領域で，質量m，電気量+q (q > 0) の荷電粒子を点A (0, L) からy軸の正の向きに速さvで打ち出したところ，x軸を45°の角度をなして通過した。ただし，重力の影響は無視できるものとする。

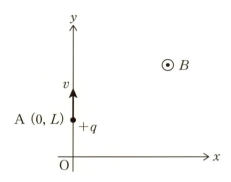

問5 最初にx軸を通過するまでの時間はどのように表されるか。正しいものを，次の①〜⑥の中から一つ選びなさい。 17

① $\dfrac{3\pi m}{8qB}$ ② $\dfrac{5\pi m}{8qB}$ ③ $\dfrac{3\pi m}{4qB}$

④ $\dfrac{5\pi m}{4qB}$ ⑤ $\dfrac{7\pi m}{8qB}$ ⑥ $\dfrac{7\pi m}{4qB}$

F　次の図のように，真空中に2つの円形の1巻きコイルがあり，半径aのコイルAと半径bのコイルBをコイルの中心が一致するように同じ平面上に置いた。ただし，aはbよりも十分に大きいので，コイルAによって発生する磁場は，コイルBの中では均一とみなせるものとし，真空の透磁率をμ_0とする。

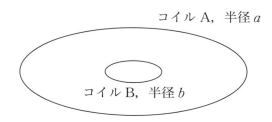

コイルA，半径a
コイルB，半径b

問6　2つのコイルの相互インダクタンスはどのように表されるか。正しいものを，次の①～⑥の中から一つ選びなさい。　18

① $\dfrac{\mu_0 \pi b^2}{2a}$　　　　② $\dfrac{\mu_0 a^2}{2\pi b}$　　　　③ $\dfrac{2\mu_0 a^2}{\pi b}$

④ $\dfrac{\mu_0 b^2}{2a}$　　　　⑤ $\dfrac{\mu_0 a^2}{2b}$　　　　⑥ $\dfrac{2\mu_0 a^2}{b}$

Ⅴ 次の問い A（問1）に答えなさい。

A 図1のような光電効果を調べる装置で，振動数 1.6×10^{15} Hz の紫外線を電極 b に当てて，電極 a の電圧 V を変化させて光電流 I を測定したところ，図2のようなグラフが得られた。電極 a と電極 b は同じ種類の金属とし，電気素量を 1.6×10^{-19} C，プランク定数を 6.6×10^{-34} J·s とする。

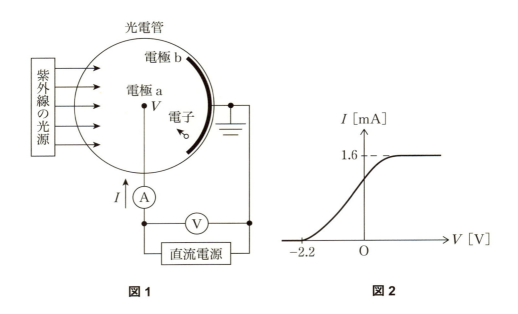

図1　　図2

問1　電極 b の金属の仕事関数は何 eV か。最も適当な値を，次の①〜⑥の中から一つ選びなさい。　　　19 eV

① 1.1　　② 2.2　　③ 3.3
④ 4.4　　⑤ 5.5　　⑥ 6.6

第 ④ 回　模擬試験

解答時間：40分

4

Ⅰ 次の問い A (問1), B (問2), C (問3), D (問4), E (問5), F (問6) に答えなさい。ただし, 重力加速度の大きさを g とし, 空気の抵抗は無視できるものとする。

A 時刻 $t=0$ に地上より十分高いところから人が初速度0で落下を開始し, $t=t_0$ ($t_0>0$) にパラシュートを開き, 最後には一定の速さで地上に到達した。人はパラシュートを開いているときのみ, 落下の速さを v として鉛直上向きで大きさ kv (k は正の定数) の空気の抵抗力を受けるものとする。

問1 鉛直下向きを正とする加速度 a は落下時間 t に対してどのように変化するか。最も適当なグラフを, 次の①〜⑥の中から一つ選びなさい。　　　1

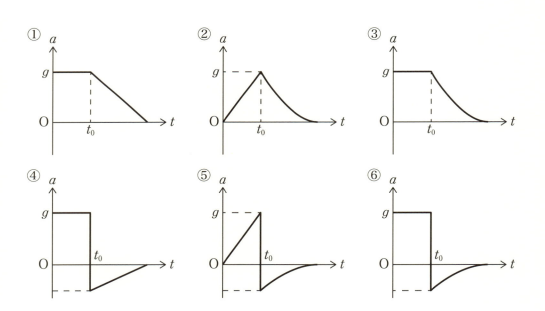

B 次の図のように，長さ $4l$，質量 $2m$ の太さが一様でまっすぐな棒 AB の右端 B を軽くて伸び縮みしない糸に結び，糸の他端を粗い鉛直な壁に固定した。棒の左端 A から距離 $3l$ にある棒上の点 C から質量 m の小球をつるすと，点 A において棒が壁に垂直な状態でつり合って静止した。このとき，棒と糸のなす角を θ とする。ただし，棒と糸は壁に垂直な一つの鉛直面内にあるものとする。

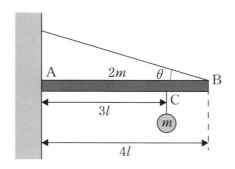

問 2 点 A において棒にはたらく壁からの抗力の向きが，棒から角 α の向きであるとすると，$\tan\alpha$ はどのように表されるか。正しいものを，次の①〜⑥の中から一つ選びなさい。　**2**

① $\dfrac{3}{5}\tan\theta$　　② $\dfrac{2}{3}\tan\theta$　　③ $\dfrac{5}{7}\tan\theta$

④ $\dfrac{7}{9}\tan\theta$　　⑤ $\dfrac{4}{5}\tan\theta$　　⑥ $\dfrac{9}{11}\tan\theta$

C 次の図のように，水平面と角度 θ をなす粗い斜面の下端 A から，物体を斜面に沿って速さ v_0 で滑り上がらせたところ，物体は最高点 B に達した後，直ちに斜面を滑り下り，下端 A まで戻ってきた。物体と斜面との間の動摩擦係数を μ' とする。

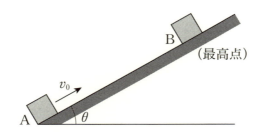

問 3 物体が B から A に戻るまでの所要時間はどのように表されるか。正しいものを，次の①〜⑥の中から一つ選びなさい。　3

① $\dfrac{v_0}{g(\sin\theta - \mu'\cos\theta)}$　　　　② $\dfrac{v_0}{g(\sin\theta + \mu'\cos\theta)}$

③ $\dfrac{v_0}{g}\sqrt{\dfrac{\sin\theta - \mu'\cos\theta}{\sin\theta + \mu'\cos\theta}}$　　　　④ $\dfrac{v_0}{g}\sqrt{\dfrac{\sin\theta + \mu'\cos\theta}{\sin\theta - \mu'\cos\theta}}$

⑤ $\dfrac{v_0\mu'\cos\theta}{g\sin\theta}$　　　　⑥ $\dfrac{v_0}{g\sqrt{\sin^2\theta - \mu'^2\cos^2\theta}}$

D　次の図のように，なめらかな水平面内を東向きに速さ v_0 で進んできた質量 $8m$ の物体 A が，点 O で 2 つに分裂した。質量 $3m$ の部分 B は東から 60° だけ北向きに速さ $\frac{4}{3}v_0$ で進み，もう一方の質量 $5m$ の部分 C は東から角度 θ だけ南向きに速さ v で進んだ。

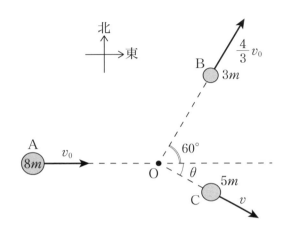

問 4　v はどのように表されるか。正しいものを，次の①〜⑥の中から一つ選びなさい。　　**4**

① $\dfrac{3\sqrt{5}}{5}v_0$　　　② $\dfrac{4\sqrt{3}}{5}v_0$　　　③ $\dfrac{7}{5}v_0$

④ $\sqrt{2}\,v_0$　　　⑤ $\dfrac{2\sqrt{13}}{5}v_0$　　　⑥ $\dfrac{3\sqrt{6}}{5}v_0$

E 次の図のように,なめらかな水平面上に自然長 l の2本の軽いゴムひもの一端を質量 m の小球に固定し,他端をそれぞれ点 A $(-l-a)$,B $(l+a)$ $(a>0)$ に結びつけた。ゴムひもは引き伸ばされたときのみ弾性力がはたらき,引き伸ばされて長さが $L\,(L>l)$ になると,k を正の定数として,大きさ $k(L-l)$ の弾性力を生じるものとする。時刻 $t=0$ に小球を点 C $(-a)$ で静かにはなすと,小球は直線 AB 上を運動し始めた。

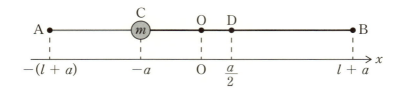

問 5 小球が点 D $\left(\dfrac{a}{2}\right)$ を最初に通過する時刻はどのように表されるか。正しいものを,次の①〜⑥の中から一つ選びなさい。　5

① $\dfrac{3\pi}{8}\sqrt{\dfrac{m}{2k}}$　　② $\dfrac{3\pi}{8}\sqrt{\dfrac{m}{k}}$　　③ $\dfrac{3\pi}{8}\sqrt{\dfrac{2m}{k}}$

④ $\dfrac{\pi}{3}\sqrt{\dfrac{m}{2k}}$　　⑤ $\dfrac{\pi}{3}\sqrt{\dfrac{m}{k}}$　　⑥ $\dfrac{\pi}{3}\sqrt{\dfrac{2m}{k}}$

F 次の図のように，電車内に質量 m のおもりが長さ L の軽くて伸び縮みしない糸の一端につながれ，他端を天井に固定して鉛直面内で左右に振れる単振り子がある。電車が次の(a), (b), (c)の運動をしているとき，おもりのつり合いの位置を中心とした微小振動の周期をそれぞれ T_a, T_b, T_c とする。

(a) 水平面上を右向きに速さ v で等速度運動をしている。

(b) 水平面上を右向きに大きさ $g\tan\alpha$ の等加速度運動をしている。

(c) 水平面と傾きの角 α をなす斜面上を，重力の作用により大きさ $g\sin\alpha$ の加速度で下っている。

ただし，$0° < \alpha < 90°$ とし，電車の車輪と水平面や斜面との間に摩擦はないものとする。

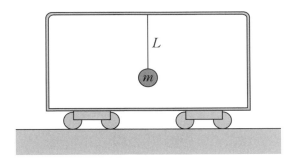

問 6 T_a, T_b, T_c の間の大小関係として正しいものを，次の①～⑥の中から一つ選びなさい。 $\boxed{6}$

① $T_a < T_b < T_c$ ② $T_a < T_c < T_b$ ③ $T_b < T_a < T_c$

④ $T_b < T_c < T_a$ ⑤ $T_c < T_a < T_b$ ⑥ $T_c < T_b < T_a$

$\boxed{\text{II}}$ 次の問い **A**（**問1**），**B**（**問2**），**C**（**問3**）に答えなさい。

A 熱容量が無視できる容器の中に，-10℃の氷 50 g を入れ，20℃の水 150 g を加えてしばらく置いたところ，最終的に全体が 0℃になった。ただし，氷の比熱を 2.1 J/(g·K)，水の比熱を 4.2 J/(g·K)，氷の融解熱を 3.3×10^2 J/g とし，熱は外部に逃げないものとする。

問1 最終的に残っている氷は何 g か。最も適当な値を，次の①〜⑥の中から一つ選びなさい。 $\boxed{\textbf{7}}$ g

① 10   ② 15   ③ 20   ④ 25   ⑤ 30   ⑥ 35

B 次の図のように，半径 r の球形の容器の中に，質量 m の分子 N 個からなる気体が入っている。分子の速さはすべて v で，気体分子は容器のなめらかな壁と弾性衝突し，分子どうしの衝突はなく，衝突から次の衝突までの間，分子は等速度運動をするものとする。次の図のように，入射角 θ で壁に衝突する 1 個の分子が，単位時間の間に壁全体に与える力積の大きさを考えることにより，全分子が壁に与えている力の大きさ F を求めることができる。

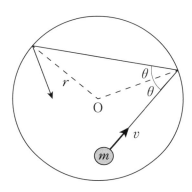

問 2 F はどのように表されるか。正しいものを，次の①〜⑥の中から一つ選びなさい。 **8**

① $\dfrac{Nmv^2}{2r}$ ② $\dfrac{Nmv^2}{r}$ ③ $\dfrac{2Nmv^2}{r}$

④ $\dfrac{Nmv^2\cos\theta}{2r}$ ⑤ $\dfrac{Nmv^2\cos\theta}{r}$ ⑥ $\dfrac{2Nmv^2\cos\theta}{2r}$

C 一定量の単原子分子理想気体を，次の図のようにA→B→C→D→Aの順にゆっくりと変化させた。A→Bは定積変化，B→Cは断熱変化，C→Dは定圧変化，D→Aは断熱変化である。状態A，B，C，Dにおける絶対温度をそれぞれT_A，T_B，T_C，T_Dとする。

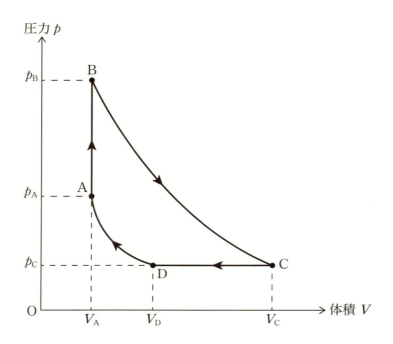

問3 このサイクルを熱機関とみなしたときの熱効率はどのように表されるか。正しいものを，次の①〜⑥の中から一つ選びなさい。 9

① $1-\dfrac{T_C-T_D}{T_B-T_A}$ ② $1-\dfrac{T_A-T_D}{T_B-T_C}$ ③ $1-\dfrac{3(T_C-T_D)}{5(T_B-T_A)}$

④ $1-\dfrac{3(T_A-T_D)}{5(T_B-T_C)}$ ⑤ $1-\dfrac{5(T_C-T_D)}{3(T_B-T_A)}$ ⑥ $1-\dfrac{5(T_A-T_D)}{3(T_B-T_C)}$

III 次の問い A（問1），B（問2），C（問3）に答えなさい。

A 次の図のように，x 軸上を正の向きに速さ 1.0 cm/s で進む長さ 8.0 cm のパルス波がある。$x = 8.0$ cm の位置に反射板 P が置かれていて，パルス波は反射板を固定端として反射する。パルス波の先端が P に達した時刻を $t = 0$ s とする。

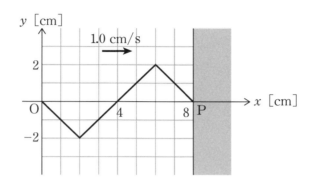

問1 時刻 $t = 5.0$ s における入射波と反射波の合成波の波形はどのようになるか。最も適当なものを，次の①〜⑥の中から一つ選びなさい。 10

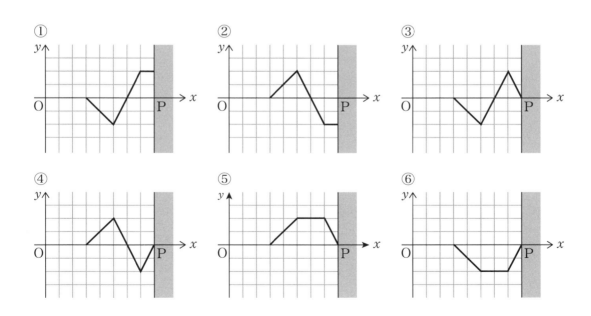

B 次の図のように，長さ 60 cm のガラス管にふたを取り付けた閉管がある。管口近くにスピーカーを置き，スピーカーの振動数を 400 Hz から 800 Hz までゆっくりと増加させたところ，435 Hz と 725 Hz のみで共鳴が起こった。ただし，気柱内の温度は一定であり，共鳴のときは管口が腹になるとし，開口端補正は無視できるものとする。

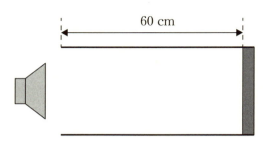

問 2 気柱内の音速は何 m/s か。最も適当な値を，次の①～⑥の中から一つ選びなさい。 $\boxed{11}$ m/s

① 340　　　② 342　　　③ 344
④ 346　　　⑤ 348　　　⑥ 350

C 次の図のように，十分に深い容器の中に溶液 B（屈折率 n_B）を入れ，その上に層の厚さが h_A となるまで溶液 A（屈折率 n_A）を入れ，2 層とする。溶液 A の液面上の点 O から深さ $h_A + h_B$ の位置に点光源 P を固定した。溶液 A の液面を点 O を中心とする半径 R の不透明な円板で覆ったところ，点光源 P は上方の空気中（屈折率 1）のどこからも見えなくなった。ただし，$n_A > 1$，$n_B > 1$ とする。

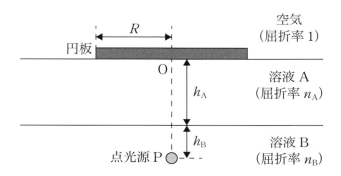

問 3 R の最小値はどのように表されるか。正しいものを，次の①〜⑥の中から一つ選びなさい。 12

① $\dfrac{h_A}{n_A} + \dfrac{h_B}{n_B}$ ② $\dfrac{h_A}{n_A - 1} + \dfrac{h_B}{n_B - 1}$

③ $\dfrac{h_A}{n_A^2 - 1} + \dfrac{h_B}{n_B^2 - 1}$ ④ $\dfrac{n_A h_A}{n_A^2 - 1} + \dfrac{n_B h_B}{n_B^2 - 1}$

⑤ $\dfrac{h_A}{\sqrt{n_A^2 - 1}} + \dfrac{h_B}{\sqrt{n_B^2 - 1}}$ ⑥ $\dfrac{n_A h_A}{\sqrt{n_A^2 - 1}} + \dfrac{n_B h_B}{\sqrt{n_B^2 - 1}}$

IV

次の問い A（問 1），B（問 2），C（問 3），D（問 4），E（問 5），F（問 6）に答えなさい。

A

次の図のように，一辺の長さが L の正方形である 2 枚の極板 A，B が，ある距離を隔てて平行に向かい合っていて，この極板間に荷電粒子を入射することを考える。極板に異符号で同じ大きさの電荷を与えると，極板間には大きさ E の一様な電場が生じた。正の電気量 q をもつ質量 m の粒子を極板間の右方から，極板と角度 θ をなすように速さ v で入射させたところ，同じ角度 θ をなして極板間から飛び出した。ただし，極板の端における電場の乱れや重力の影響は無視できるものとする。

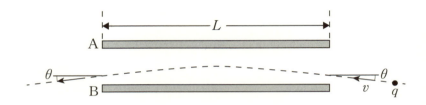

問 1 v はどのように表されるか。正しいものを，次の①〜⑥の中から一つ選びなさい。ただし，$\sin 2\theta = 2\sin\theta\cos\theta$ である。 **13**

① $\sqrt{\dfrac{qEL\sin 2\theta}{2m}}$　　② $\sqrt{\dfrac{qEL\sin 2\theta}{m}}$　　③ $\sqrt{\dfrac{2qEL\sin 2\theta}{2m}}$

④ $\sqrt{\dfrac{qEL}{2m\sin 2\theta}}$　　⑤ $\sqrt{\dfrac{qEL}{m\sin 2\theta}}$　　⑥ $\sqrt{\dfrac{2qEL}{m\sin 2\theta}}$

B 図1のように，面積 S の2枚の極板を間隔 d だけ離した平行板コンデンサーを，内部抵抗が無視できる起電力 V の電源に接続して充電した（状態1）。次に，図2のように，電池を切りはなして極板の間隔を $2d$ にゆっくりと広げた（状態2）。さらに，図3のように，電池を切りはなしたまま極板間の左半分に比誘電率3の誘電体を挿入した（状態3）。真空の誘電率を ε_0 とし，極板間の電場は一様であるものとする。

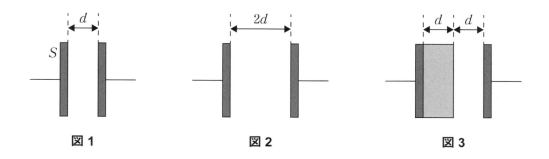

図1　　　　　　図2　　　　　　図3

問2 状態1から状態3へ変化させるために外力がした仕事はどのように表されるか。正しいものを，次の①〜⑥の中から一つ選びなさい。ただし，$\dfrac{\varepsilon_0 S V^2}{2d} = W$ とする。

① $\dfrac{1}{6}W$　　② $\dfrac{1}{3}W$　　③ $\dfrac{1}{2}W$

④ $\dfrac{2}{3}W$　　⑤ W　　⑥ $\dfrac{3}{2}W$

C 直流回路において，図1のような抵抗値20Ω，50Ω，30Ωの3個の抵抗を環状に接続した部分（Δ接続）を，図2のような抵抗値R_1，R_2，R_3の3個の抵抗を1点で接続した部分（Y接続）に変換することを考える。そのためには，端子a，端子b，端子cにそれぞれ同じ電流が流れているとき，端子ab間，bc間，ca間の電位差がそれぞれ等しければよい。

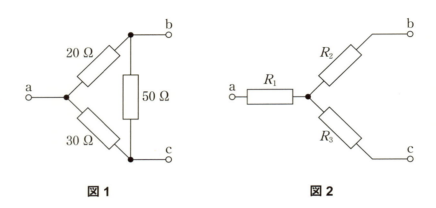

図1　　　　　　　　　図2

問3　R_1は何Ωか。最も適当な値を，次の①〜⑥の中から一つ選びなさい。　15 Ω

① 6.0　　　② 8.0　　　③ 10
④ 12　　　⑤ 15　　　⑥ 18

D　次の図のように，半径2rの円形コイルと十分に長い直線状の導線Lを同じ平面上に置く。コイルの中心CとLとの距離は3rである。コイルに大きさIの電流を時計回りに流し，Lに電流を流すと，点Cにおける磁場の強さが0になった。

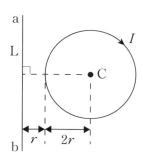

問4　Lに流した電流の向きはどちらか。また，電流の大きさはどのように表されるか。正しい組み合わせを，次の①～⑥の中から一つ選びなさい。|16|

	①	②	③	④	⑤	⑥
向き	a → b	b → a	a → b	b → a	a → b	b → a
大きさ	$\dfrac{2\pi}{3}I$	$\dfrac{2\pi}{3}I$	$\dfrac{2}{3\pi}I$	$\dfrac{2}{3\pi}I$	$\dfrac{3\pi}{2}I$	$\dfrac{3\pi}{2}I$

E 図1のような一辺の長さが a の正方形の断面をもつ棒磁石があり，この磁石は磁極端面上のすぐ外側では，表面に垂直で一様な磁場をつくるものとする。図2のように，一辺の長さが a の正方形の導線コイルを水平（xy平面に平行）に固定し，棒磁石のN極端面を近接させて，棒磁石の右端がコイルの左端に一致する時刻を $t=0$ として，y 軸の正の向きに一定の速さ V で移動させた。ただし，棒磁石の位置と方向は，ある時刻において磁極端面とコイルとが完全に重なるように調整されており，コイル面における磁場は z 軸の正の向きである。

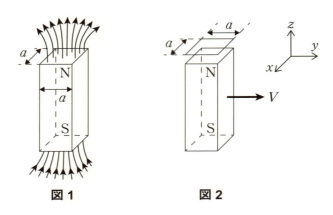

図1　　　　　　図2

問5 コイル全体にはたらく力の y 軸成分 F_y はどのように時間変化するか。最も適当なグラフを，次の①〜⑥の中から一つ選びなさい。　　17

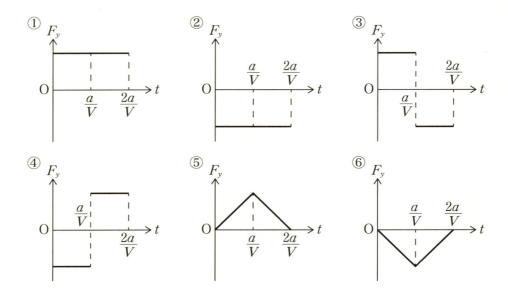

F 次の図のように,抵抗値 50 Ω の抵抗 R,自己インダクタンス 20 mH のコイル L,電気容量 4.0 μF のコンデンサー C を直列につないで,その両端に電圧の実効値 100 V,角周波数 2.5×10^3 rad/s の交流電源を接続した。この回路を流れる電流の実効値を I_e とすると,回路全体の平均消費電力 $\overline{P}$ が,$\overline{P} = 100 I_e \cos\varphi$ と表される。

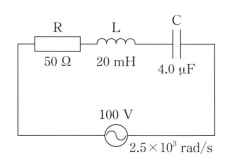

問 6 $\cos\varphi$ はいくらか。最も適当な値を,次の①〜⑥の中から一つ選びなさい。 **18**

① 0 ② $\dfrac{1}{4}$ ③ $\dfrac{1}{2\sqrt{2}}$

④ $\dfrac{1}{2}$ ⑤ $\dfrac{1}{\sqrt{2}}$ ⑥ 1

$\boxed{\text{V}}$ 次の問い **A**（**問1**）に答えなさい。

A　水素原子の基底状態のエネルギー準位は，$-13.6\,\text{eV}$ である。

　　電気素量を $e = 1.6 \times 10^{-19}\,\text{C}$，真空中の光速を $c = 3.0 \times 10^{8}\,\text{m/s}$，プランク定数を $h = 6.6 \times 10^{-34}\,\text{J·s}$ とし，可視光線の波長は $380 \sim 770\,\text{nm}$ の範囲にあるものとする。

問1　量子数 $n = 4$ の定常状態から量子数 $n = 2$ の定常状態への遷移で放出される光子のエネルギーは何 eV か。また，このとき放射される電磁波の種類は何か。最も適当な組み合わせを，次の①〜⑨の中から一つ選びなさい。　$\boxed{\textbf{19}}$

	光子のエネルギー［eV］	電磁波の種類
①	2.55	紫外線
②	2.55	可視光線
③	2.55	赤外線
④	3.40	紫外線
⑤	3.40	可視光線
⑥	3.40	赤外線
⑦	5.10	紫外線
⑧	5.10	可視光線
⑨	5.10	赤外線

第 ⑤ 回　模擬試験

解答時間：40分

5

$\boxed{\text{I}}$ 次の問い **A**（**問1**），**B**（**問2**），**C**（**問3**），**D**（**問4**），**E**（**問5**），**F**（**問6**）に答えなさい。ただし，重力加速度の大きさを g とし，空気の抵抗は無視できるものとする。

A 電子の質量を m，電気素量を e，プランク定数を h，クーロンの法則の比例定数を k とおくと，これらは次の表に示すような概数値と次元をもつ。

物理量	概数値	次元
m	9.11×10^{-31} kg	$[\text{M}]$
e	1.60×10^{-19} C	$[\text{TI}]$
h	6.63×10^{-34} J·s	$[\text{L}^2\text{MT}^{-1}]$
k	8.99×10^9 N·m²/C²	$[\text{L}^3\text{MT}^{-4}\text{I}^{-2}]$

これらの物理量を用いて，長さの次元 $[\text{L}]$ をもつ量 a を，$a = m^\alpha h^\beta (ke^2)^\gamma$ とおいてつくることを考える。

問1 α, β, γ はそれぞれいくらか。正しい組み合わせを，次の①〜⑥の中から一つ選びなさい。

$\boxed{1}$

	①	②	③	④	⑤	⑥
α	1	1	1	-1	-1	-1
β	-1	-2	1	-1	1	2
γ	-1	1	-1	1	1	-1

90

B 次の図のように，質量 $2m$，長さ $2L$ の一様な棒 AB と質量 m，長さ L の一様な棒 BC を B 端においてなめらかなちょうつがいでつなぎ，これを A 端に取り付けられた軽い糸によって天井からつるし，C 端に水平方向右向きに大きさ F の力を加えたところ，次の図のような状態でつり合って静止した。鉛直線と棒 AB，BC のなす角をそれぞれ α，β とする。

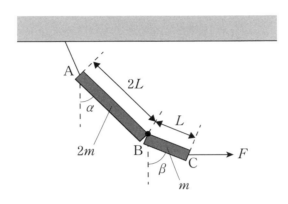

問 2 $\tan \alpha$ はどのように表されるか。正しいものを，次の①〜⑥の中から一つ選びなさい。　**2**

① $\dfrac{F}{3mg}$　　　② $\dfrac{F}{2mg}$　　　③ $\dfrac{2F}{3mg}$

④ $\dfrac{F}{mg}$　　　⑤ $\dfrac{3F}{2mg}$　　　⑥ $\dfrac{2F}{mg}$

C 次の図のように，質量 m の物体 A と質量 $2m$ の物体 B を，水平面からの傾きが角 θ である粗い斜面上に互いに接するように置いた。θ を徐々に大きくしていくと，θ_0 をこえた瞬間に 2 つの物体は同時に滑り出した。ただし，斜面と A, B との間の静止摩擦係数をそれぞれ 0.80, 0.35 とする。

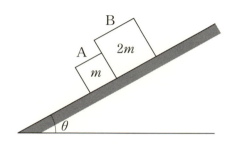

問 3 $\tan\theta_0$ はいくらか。最も適当な値を，次の①〜⑦の中から一つ選びなさい。　　**3**

① 0.35　　② 0.43　　③ 0.50　　④ 0.58
⑤ 0.65　　⑥ 0.73　　⑦ 0.80

D 次の図のように，人が鉛直な壁からの距離が L の位置で，ボールを初速度の大きさ v，投げ上げる角度 θ で壁に向かって投げたところ，ボールは壁に衝突した後，床に触れることなく投げた点に戻った。壁はなめらかであり，ボールと壁との反発係数（はね返り係数）を e とする。

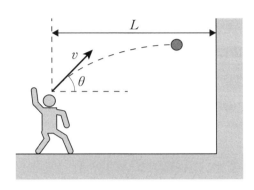

問4 L はどのように表されるか。正しいものを，次の①〜⑥の中から一つ選びなさい。ただし，$\sin 2\theta = 2\sin\theta\cos\theta$ である。　**4**

① $\dfrac{e}{2} \cdot \dfrac{v^2 \sin 2\theta}{g}$ 　　② $\dfrac{e}{1+e} \cdot \dfrac{v^2 \sin 2\theta}{g}$ 　　③ $\dfrac{e^2}{1+e} \cdot \dfrac{v^2 \sin 2\theta}{g}$

④ $e \cdot \dfrac{v^2 \sin 2\theta}{g}$ 　　⑤ $\dfrac{2e}{1+e} \cdot \dfrac{v^2 \sin 2\theta}{g}$ 　　⑥ $\dfrac{2e^2}{1+e} \cdot \dfrac{v^2 \sin 2\theta}{g}$

E 図1のように,曲線 $z = ax^2 (a > 0)$ を z 軸のまわりに回転してできるなめらかな回転放物面がある。この内面上の点 $(x_0, 0, ax_0^2)$ の位置から内面に沿って水平方向へ小球を速さ v_0 で打ち出したところ,内面に沿って水平面 $z = ax_0^2$ 上で等速円運動をした。必要であれば,図2のように,xz 平面上の曲線 $z = ax^2$ 上の点 (x_0, ax_0^2) における接線の傾きが $2ax_0$ であることを用いよ。

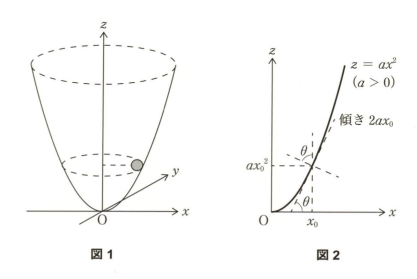

図1 図2

問5 v_0 はどのように表されるか。正しいものを,次の①〜⑥の中から一つ選びなさい。

① $\dfrac{x_0}{2}\sqrt{ag}$ ② $x_0\sqrt{\dfrac{ag}{2}}$ ③ $x_0\sqrt{ag}$

④ $x_0\sqrt{2ag}$ ⑤ $2x_0\sqrt{ag}$ ⑥ $2x_0\sqrt{2ag}$

F 次の図のように，質量 m の人工衛星が地球を焦点の一つとするだ円軌道を周回している。地球を半径 R，質量 M の一様な球とする。ただし，人工衛星にはたらく力は，地球との間の万有引力のみとし，万有引力定数を G とする。

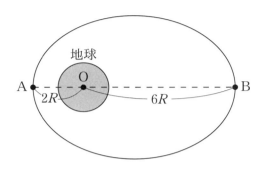

問 6　人工衛星が，地球の中心から $6R$ 離れた遠地点 B から，地球の中心から $2R$ 離れた近地点 A まで移動する間に，人工衛星に対して万有引力がした仕事はどのように表されるか。正しいものを，次の①～⑤の中から一つ選びなさい。　6

① $-\dfrac{2GMm}{3R}$　　　② $-\dfrac{GMm}{3R}$　　　③ 0

④ $\dfrac{GMm}{3R}$　　　⑤ $\dfrac{2GMm}{3R}$

Ⅱ 次の問い A（問1），B（問2），C（問3）に答えなさい。

A 次の図のような円筒状の保温容器があり，内部の体積変化に合わせてなめらかに上下できる軽いふたがついている。大気圧 1.00×10^5 Pa の下で，図1のように，容器に 100℃の水 1.00 mol を入れ，水面に接するようにふたをしてゆっくり熱を加えたところ，図2のように，100℃の水蒸気 1.00 mol になった。ただし，水の分子量を 18.0，水の蒸発熱を 2.26×10^3 J/g，気体定数を 8.31 J/(mol・K) とする。また，水蒸気は理想気体として扱い，同じ物質量では 100℃の水の体積は 100℃の水蒸気の体積に比べて無視できるものとする。

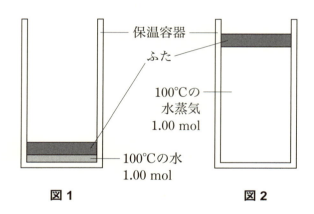

図1　　　図2

問1　1.00 mol の水が水蒸気になったことで，増加した内部エネルギーは何Jか。最も適当な値を，次の①～⑥の中から一つ選びなさい。ただし，$8.31 \times 373 ≒ 3.10 \times 10^3$ とする。　　　7 J

① 2.84×10^4　　② 3.14×10^4　　③ 3.45×10^4
④ 3.76×10^4　　⑤ 4.07×10^4　　⑥ 4.39×10^4

B　圧力 p，体積 $2V$，物質量 n の Ne ガス（原子量 20）と，圧力 p，体積 V，物質量 $2n$ の Ar ガス（原子量 40）がある。Ne 原子の 2 乗平均速度を $\sqrt{v_{\mathrm{Ne}}{}^2}$，Ar 原子の 2 乗平均速度を $\sqrt{v_{\mathrm{Ar}}{}^2}$ とする。ただし，Ne ガス，Ar ガスはいずれも単原子分子理想気体とみなすものとする。

問 2　$\dfrac{\sqrt{v_{\mathrm{Ne}}{}^2}}{\sqrt{v_{\mathrm{Ar}}{}^2}}$ はいくらか。正しい値を，次の①～⑦の中から一つ選びなさい。　$\boxed{8}$

① $\dfrac{1}{2\sqrt{2}}$ 　　② $\dfrac{1}{2}$ 　　③ $\dfrac{1}{\sqrt{2}}$ 　　④ 1

⑤ $\sqrt{2}$ 　　⑥ 2 　　⑦ $2\sqrt{2}$

C 次の図のように，断面積が一定で，長さ $2l$ の熱をよく通す容器が，左右になめらかに動く気密で薄い隔壁によって部屋 A，B に分けられており，ばね定数 k，自然長 l の体積が無視できるばねの両端が A の左側の壁と隔壁に取り付けられている。また，部屋 B ではコック K の開閉により気体の流入・流出が可能になっている。はじめ，両部屋には理想気体が封入されており，両部屋の体積は等しくなっている（状態 1）。この状態から K を開き，部屋 B から非常にゆっくりと気体を抜いていき，部屋 B 内の圧力が 0 とみなせる状態で K を閉じた。このとき，ばねの伸びは a であった（状態 2）。状態 1 から状態 2 の間は，隔壁にはたらく合力は 0 であり，外気の温度は一定で容器内の気体と外気との熱平衡はつねに成り立っているものとする。

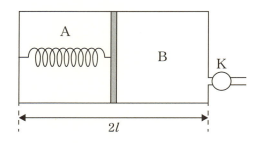

問 3 状態 1 から状態 2 への変化で，部屋 A の気体が吸収した熱量 Q についての大小関係として正しいものを，次の①～⑦の中から一つ選びなさい。　9

① $Q < -\dfrac{1}{2}ka^2$　　② $Q = -\dfrac{1}{2}ka^2$　　③ $-\dfrac{1}{2}ka^2 < Q < 0$

④ $Q = 0$　　⑤ $0 < Q < \dfrac{1}{2}ka^2$　　⑥ $Q = \dfrac{1}{2}ka^2$

⑦ $Q > \dfrac{1}{2}ka^2$

III 次の問い A（問1），B（問2），C（問3）に答えなさい。

A 次の図のように，xy 平面に広がる水面が，y 軸を境界として水深が異なる 2 つの領域に分かれている。領域 A（$x < 0$）における波の速さを V とすると，領域 B（$x > 0$）では水深が浅いので，波の速さが $\frac{2}{3}V$ となっている。領域 A の点 P $(-2d, 0)$ に一定の周期で振動する波源を置いたところ，まわりの水面に波が広がった。図の曲線は，波源と同じ位相をもつ波面を点 P に近い方から順に示したものである。ただし，波の屈折は境界で起こるものとする。

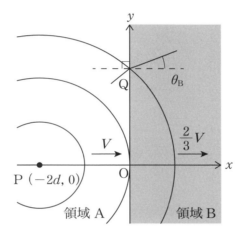

問1 図の点 Q における屈折角を θ_B とするとき，$\sin\theta_B$ はいくらか。正しい値を，次の①〜⑥の中から一つ選びなさい。　10

① $\dfrac{\sqrt{5}}{9}$　　② $\dfrac{\sqrt{5}}{6}$　　③ $\dfrac{2\sqrt{5}}{9}$

④ $\dfrac{\sqrt{5}}{4}$　　⑤ $\dfrac{\sqrt{5}}{3}$　　⑥ $\dfrac{4\sqrt{5}}{9}$

B 次の図のように，3本の弦がある。

(a) 弦1，弦2の張力の大きさはともに S，弦3の張力は $2S$ である。

(b) 弦1，弦2の線密度（単位長さあたりの質量）はともに ρ_1 である。

(c) 弦1を4倍振動させ，弦2を3倍振動させたところ，それぞれの弦の振動の隣り合う節の間の距離が等しくなった。

(d) 弦3の長さは弦1の長さに等しい。

(e) 弦3の基本振動の振動数は，弦2の基本振動の振動数に等しい。

ただし，張力の大きさ S，線密度 ρ の弦を伝わる横波の速さ v は，$v = \sqrt{\dfrac{S}{\rho}}$ と表されるものとする。

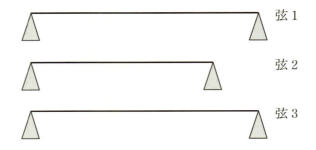

問2 弦3の線密度を ρ_3 とするとき，$\dfrac{\rho_3}{\rho_1}$ はいくらか。正しい値を，次の①～⑧の中から一つ選びなさい。 11

	①	②	③	④	⑤	⑥	⑦	⑧
$\dfrac{\rho_3}{\rho_1}$	$\dfrac{2}{3}$	$\dfrac{3}{4}$	$\dfrac{8}{9}$	$\dfrac{9}{16}$	$\dfrac{3}{2}$	$\dfrac{4}{3}$	$\dfrac{9}{8}$	$\dfrac{16}{9}$

C 次の図のように，真空中に配置された光の干渉装置（マイケルソン干渉計）に波長 λ の平行光線を図の左側から入射させた。平面鏡 M₁ および M₂ は入射する光線に対して垂直である。A に入射した光は半透明鏡 H によって 2 つに分かれ，一方は A → B → A → D，他方は A → C → A → D と進んで，両方ともスクリーン S 上の点 D に達し，点 D では干渉により明暗が生じた。平面鏡 M₁ を平行移動して点 B を点 A から距離 x だけゆっくり離したところ，はじめに「明」であった点 D では，はじめの「明」を含めて「明」と「暗」が交互に 12 回ずつ現れた後，「明」で終わった。なお，半透明鏡 H は，反射光と透過光の強さが等しくなる半透明な平面鏡で，その厚さは無視できるものとする。

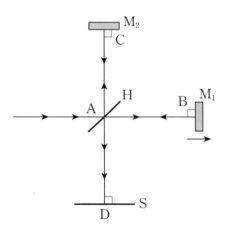

問 3 x はどのように表されるか。正しいものを，次の①〜⑥の中から一つ選びなさい。 12

① 3λ ② 4λ ③ 6λ
④ 9λ ⑤ 12λ ⑥ 24λ

IV 次の問い A（問1），B（問2），C（問3），D（問4），E（問5），F（問6）に答えなさい。

A　xy 平面上の正三角形をなす点 A $(0, \sqrt{3}\,a)$，点 B $(-a, 0)$，点 C $(a, 0)$ $(a > 0)$ にそれぞれ点電荷 P，Q，R が置かれており，これら3個の点電荷がつくる電場の等電位線と電気力線が次の図のようになっている。R の電気量は $+q$ $(q > 0)$ であり，Q，R にはたらく合力はともに y 軸に平行な向きになっている。クーロンの法則の比例定数を k とする。

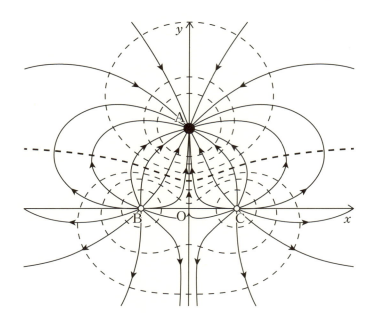

問1　R にはたらく合力の大きさはどのように表されるか。正しいものを，次の①〜⑥の中から一つ選びなさい。　13

① $\dfrac{\sqrt{3}\,kq^2}{12a^2}$　　② $\dfrac{kq^2}{4a^2}$　　③ $\dfrac{\sqrt{3}\,kq^2}{6a^2}$

④ $\dfrac{\sqrt{3}\,kq^2}{4a^2}$　　⑤ $\dfrac{kq^2}{2a^2}$　　⑥ $\dfrac{\sqrt{3}\,kq^2}{2a^2}$

B 次の図のように，抵抗値が 5.0 kΩ，3.0 kΩ，2.0 kΩ である 3 個の抵抗，電気容量が 3.0 μF，2.0 μF である 2 個のコンデンサー，電圧 10 V の電池，スイッチ S₁，S₂ を接続して回路をつくった。最初は S₁，S₂ は開いており，コンデンサーには電荷は蓄えられていない。この状態から，最初に S₁ を閉じてじゅうぶん時間が経過した後（状態 A），次に S₂ を閉じてじゅうぶん時間を経過させた（状態 B）。

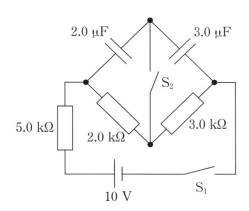

問 2 状態 A から状態 B の間に S₂ を通過する電気量の大きさは何 μC か。最も適当な値を，次の①～⑦の中から一つ選びなさい。　　　**14** μC

① 1.0　　　② 2.0　　　③ 3.0　　　④ 4.0
⑤ 5.0　　　⑥ 6.0　　　⑦ 0

C 図1のような電流-電圧特性をもつ電球がある。起電力 $E = 9.0$ V，内部抵抗 $r = 4.0$ Ω の電池2個を並列に接続して電源とし，これに電球を接続して図2のような回路をつくった。

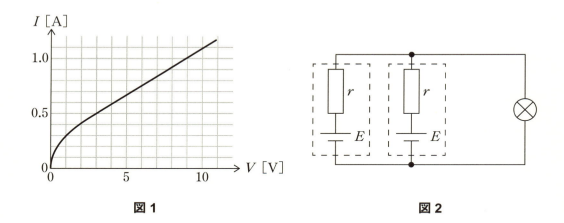

図1　　　　　図2

問3 電球に流れる電流の大きさは何 A か。最も適当な値を，次の①〜⑥の中から一つ選びなさい。　　15 A

① 0.43　　② 0.55　　③ 0.66
④ 0.75　　⑤ 0.86　　⑥ 0.92

D 次の図のような構造の直流モーターをつくり，長方形の軽いコイル ABCD に電流 I を流す。辺 AB，CD は x 軸に平行で，コイルの回転軸は BC，DA の中点を通り x 軸に平行である。コイルの辺の長さは，AB $= l$，BC $= 2r$ である。整流子により，AB が N 極側にあるときは A → B → C → D の向きに，AB が S 極側にあるときは D → C → B → A の向きに電流が流れる。コイルを含む領域では，y 軸に平行な向きに磁束密度の大きさ B の一様な磁場が存在するものとする。

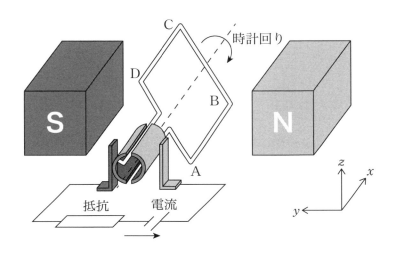

問 4 コイルの回転方向はどちらか。また辺 BC が z 軸と角 θ をなすとき，コイルにかかる回転軸まわりの偶力のモーメントの大きさはどのように表されるか。正しい組み合わせを，次の①〜⑥の中から一つ選びなさい。　**16**

	コイルの回転方向	偶力のモーメントの大きさ
①	時計回り	$IBlr\sin\theta$
②	時計回り	$2IBlr\sin\theta$
③	時計回り	$4IBlr\sin\theta$
④	反時計回り	$IBlr\sin\theta$
⑤	反時計回り	$2IBlr\sin\theta$
⑥	反時計回り	$4IBlr\sin\theta$

E 図1のように，鉄心にコイルAとコイルBが巻かれていて，コイルAには直流電源と可変抵抗器が，コイルBには抵抗値80Ωの抵抗が接続されている。いま，コイルAに流れる電流を図2のように変化させた。ただし，コイルAとコイルBの相互インダクタンスを0.50Hとし，磁束は鉄心の外には漏れず，コイル2の自己誘導は無視できるものとする。

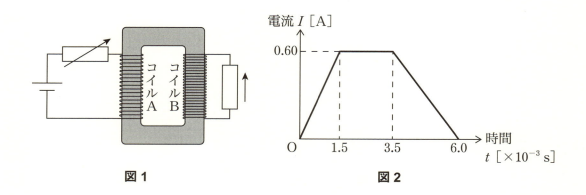

図1　　　　　　　　**図2**

問5 時刻 $t = 4.0 \times 10^{-3}$ s においてコイルBに流れている誘導電流は何Aか。最も適当な値を，次の①〜⑦の中から一つ選びなさい。ただし，図1の矢印の向きを電流の正の向きとする。　　　　　　　　　　　　　　　　　　　　　　　17 A

① 1.5　　　② 2.0　　　③ 2.5　　　④ −1.5
⑤ −2.0　　⑥ −2.5　　⑦ 0

F 次の図のように，抵抗値 50 Ω の抵抗 R，自己インダクタンス 125 mH のコイル L，電気容量 8.0 μF のコンデンサー C をつないで，その両端に実効値 100 V の交流電圧を加えたところ，R の両端の電圧はつねに 0 であった。

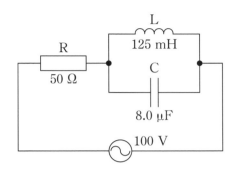

問 6 コンデンサー C を流れる電流の実効値は何 A か。最も適当な値を，次の①～⑥の中から一つ選びなさい。　　18 A

① 0.25　　② 0.40　　③ 0.80
④ 1.0　　⑤ 2.0　　⑥ 2.5

V

次の問い A（問1）に答えなさい。

A 次の図1は，光電効果を調べるための実験装置である。光電管の陰極（電位0）の金属に大きな振動数の光を照射し，陰極と陽極間の光電流の大きさ I を測定する。これにより，陰極表面から飛び出してくる光電子のエネルギーとその数を測定することができる。また，陽極と陰極との間に電圧 V を与えて，電子の運動エネルギーを評価することができる。この実験で，以下のように条件を変えた。

(a) 光の振動数を大きくする。
(b) 陽極と陰極を仕事関数の大きな金属に変える。
(c) 光量を増加させる。

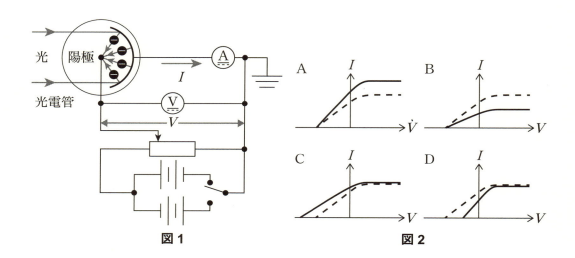

問1 (a)～(c)について，陽極の電位（横軸）と光電流の大きさ（縦軸）の関係を表すグラフはそれぞれどれか。ただし，変化前の特性を破線で示してある。正しい組み合わせを，次の表から一つ選びなさい。　19

	①	②	③	④	⑤	⑥	⑦	⑧
a	A	A	B	B	C	C	D	D
b	C	D	C	D	A	D	A	B
c	D	B	A	C	B	A	C	A

第 ⑥ 回　模擬試験

解答時間：40分

6

I 次の問い A（問1），B（問2），C（問3），D（問4），E（問5），F（問6）に答えなさい。ただし，地上における重力加速度の大きさを g とし，空気の抵抗は無視できるものとする。

A 密度が ρ_0 の水に，密度が ρ_1 の物質でできている直方体を浮かべたところ，図のように水面より上の辺の長さが a，水面より下の辺の長さが b の位置で，水面に浮かんだ状態で静止した。

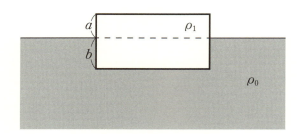

問1 a はどのように表されるか。正しいものを，次の①〜④の中から一つ選びなさい。 **1**

① $\dfrac{\rho_1}{\rho_0}b$ ② $\dfrac{\rho_0}{\rho_1}b$ ③ $\left(\dfrac{\rho_1}{\rho_0}-1\right)b$ ④ $\left(\dfrac{\rho_0}{\rho_1}-1\right)b$

B　次の図のように，質量 M，長さ L のはしごを，水平な床の上に床と角度 θ をなすように鉛直な壁にかけた。はしごの重心 G ははしごの中心にあり，はしごと壁との間に摩擦はないが，はしごと床との間には摩擦力がはたらいている。質量がはしごの 4 倍である人が，姿勢を鉛直に保ちながらはしごを下からゆっくりと上り始め，この人がはしごの最上部まで上ってもはしごは滑らなかった。

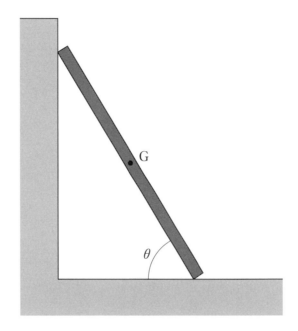

問 2　はしごと床との間の静止摩擦係数 μ の最小値はどのように表されるか。正しいものを，次の①～⑥の中から一つ選びなさい。　**2**

① $\dfrac{7}{10}\tan\theta$　　② $\dfrac{4}{5}\tan\theta$　　③ $\dfrac{9}{10}\tan\theta$

④ $\dfrac{7}{10\tan\theta}$　　⑤ $\dfrac{4}{5\tan\theta}$　　⑥ $\dfrac{9}{10\tan\theta}$

C 次の図のような，水平な天井の点Oからつるされた，長さl，質量mの振り子がある。振り子の最下点Bから高さhの点Cには，釘が打ってある。振り子を鉛直線から角度θの点Aから静かにはなした。

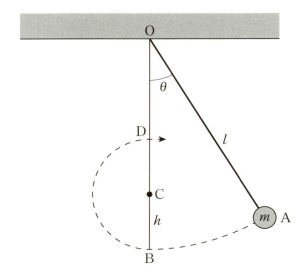

問3 糸がたるむことなく振り子が最高点Dを通り，釘に巻きつくための，θが満たすべき条件として最も適当なものを，次の①〜⑥の中から一つ選びなさい。　**3**

① $\cos\theta \leqq \dfrac{3h}{2l}$　　② $\cos\theta \leqq \dfrac{2h}{l}$　　③ $\cos\theta \leqq \dfrac{5h}{2l}$

④ $\cos\theta \leqq 1 - \dfrac{3h}{2l}$　　⑤ $\cos\theta \leqq 1 - \dfrac{2h}{l}$　　⑥ $\cos\theta \leqq 1 - \dfrac{5h}{2l}$

D 次の図のように,台車 A (質量 m_A) と台車 B (質量 m_B) がなめらかな水平面の一直線上を移動している。A の後端には,ばね定数 k の質量が無視できるばねが取り付けられている。はじめ,A と B はそれぞれ速度 v_A, v_B (右向きを正として,$0 < v_A < v_B$) で走っていた。B がばねに接触してばねが縮み始め,2 つの台車が最も接近した後,ばねが伸びて自然長に戻った瞬間に,B はばねから離れて静止した。

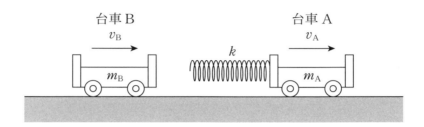

問 4 $\dfrac{v_B}{v_A}$ と $\dfrac{m_B}{m_A}$ の間の関係として正しいものを,次の①〜⑥の中から一つ選びなさい。

$\boxed{4}$

① $\left(1-\dfrac{m_B}{m_A}\right)\left(\dfrac{v_B}{v_A}\right)=\dfrac{1}{2}$ ② $\left(\dfrac{m_B}{m_A}-1\right)\left(\dfrac{v_B}{v_A}\right)=\dfrac{1}{2}$

③ $\left(1-\dfrac{m_B}{m_A}\right)\left(\dfrac{v_B}{v_A}\right)=2$ ④ $\left(\dfrac{m_B}{m_A}-1\right)\left(\dfrac{v_B}{v_A}\right)=2$

⑤ $\left(2-\dfrac{m_B}{m_A}\right)\left(\dfrac{v_B}{v_A}\right)=1$ ⑥ $\left(\dfrac{m_B}{m_A}-2\right)\left(\dfrac{v_B}{v_A}\right)=1$

E 水平でなめらかな床の上に質量 M の物体 A を置き,その上に質量 m の物体 B を置いて,壁に取り付けたばね定数 k のばねを図のように取り付けた。ばねは十分に軽く,物体 A と床との間に摩擦はないものとする。ばねの長さを自然長にして,物体 A をばねの伸びる方向に少し引いてからはなす実験をくり返した。また,物体 A の上面と物体 B の下面の間の静止摩擦係数を μ とする。

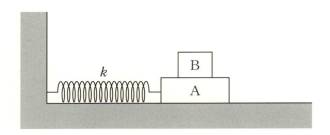

問 5 物体 A を自然長の位置から引く長さが a のとき,物体 A の上で物体 B が滑り出さないための静止摩擦係数 μ の条件として最も適当なものを,次の①~④の中から一つ選びなさい。 $\boxed{5}$

① $\dfrac{ka}{mg} \leqq \mu$

② $\dfrac{ka}{(m+M)g} \leqq \mu$

③ $\dfrac{kaM}{(m+M)mg} \leqq \mu$

④ $\dfrac{kam}{(m+M)Mg} \leqq \mu$

F 半径 R の地球の表面から宇宙ロケット A を初速 v_0 で発射した。

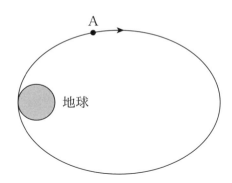

問6 宇宙ロケット A が地球にもどることなく，楕円軌道を描いて周回するための v_0 の条件として最も適当なものを，次の①〜⑥の中から一つ選びなさい。　6

① $0 < v_0 < \sqrt{gR}$ 　　　　② $\dfrac{\sqrt{gR}}{2} < v_0 < \sqrt{gR}$

③ $\sqrt{gR} < v_0 < \sqrt{2gR}$ 　　④ $\sqrt{gR} < v_0 < 2\sqrt{gR}$

⑤ $0 < v_0 < \sqrt{2gR}$ 　　　　⑥ $\dfrac{\sqrt{gR}}{3} \leqq v_0 \leqq \sqrt{gR}$

II 次の問い A（問1），B（問2），C（問3）に答えなさい。

A 次の図のような熱量計に水220 gを入れ，しばらくすると温度が7.5℃で安定した。冷凍庫から －15.0℃の氷110 gを取り出して熱量計に入れたところ，温度が7.5℃から0℃に下がって安定した。そのとき，熱量計の中に氷が残っていた。そこで，電気ヒーターに電圧100 Vで1.0 Aの電流を流したところ，しばらくして温度が0℃から上昇し始めた。氷の比熱を 2.1 J/(g·K)，水の比熱を 4.2 J/(g·K)，氷の融解熱を 330 J/g とし，実験中は，かくはん棒をゆっくりと動かして水の温度は一様になっており，金属容器，温度計，かくはん棒，電気ヒーターの熱容量は無視できるものとする。

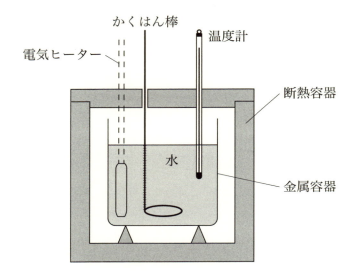

問1 温度が0℃から上昇し始めるまでに電気ヒーターに電気を流していた時間は何 s か。最も適当な値を，次の①〜⑥の中から一つ選びなさい。　　7　s

① 246　　　② 262　　　③ 278
④ 295　　　⑤ 312　　　⑥ 328

B 図1のように，断面積が S で長さが $12L$ の円筒容器を水平に置いた。この円筒容器はよく熱を通す材料でつくられており内部には理想気体が封入されていて，内側にはなめらかに動く質量 m の薄い仕切り板がはめ込まれている。はじめ，図1のようにA室，B室の圧力はともに P_0 で，体積もともに $6SL$ であった。また，気体の温度は容器外の温度に等しかった。温度一定のまま，この円筒を図2のようにA室が下になるように鉛直に置き，じゅうぶん時間が経過した後，A室の長さは $3L$，B室の長さは $9L$ になった。

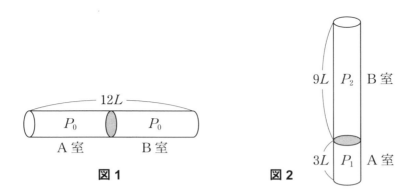

図1　　　図2

問2 A室内の気体の圧力 P_1 とB室内の気体の圧力 P_2 および，仕切り板の質量 m はそれぞれどのように表されるか。正しい組み合わせを，次の①〜⑥の中から一つ選びなさい。ただし，重力加速度の大きさを g とする。　8

	P_1	P_2	m
①	$2P_0$	$\dfrac{P_0}{3}$	$\dfrac{3P_0 S}{2g}$
②	$2P_0$	$\dfrac{2P_0}{3}$	$\dfrac{3P_0 S}{2g}$
③	$2P_0$	$\dfrac{2P_0}{3}$	$\dfrac{4P_0 S}{3g}$
④	$3P_0$	$\dfrac{P_0}{3}$	$\dfrac{3P_0 S}{2g}$
⑤	$3P_0$	$\dfrac{2P_0}{3}$	$\dfrac{3P_0 S}{2g}$
⑥	$3P_0$	$\dfrac{2P_0}{3}$	$\dfrac{4P_0 S}{3g}$

C 大気圧が P_0 の部屋で，水平な台にシリンダーが固定してあり，断面積が S のピストンにばね定数 k のばねが取り付けられていて，その一端が壁に固定されている。また，ピストンおよびシリンダーは断熱材でできており，内部には気体を加熱するヒーターがある。ばねのはじめの長さは自然長であった。シリンダー内部の気体に熱を加えたところ，ばねの長さが a だけ縮んだ。ただし，気体は理想気体とする。

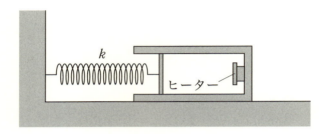

問3 気体がした仕事の大きさはどのように表されるか。正しいものを，次の①～④の中から一つ選びなさい。　**9**

① $\dfrac{P_0 Sa}{2}$　　② $P_0 Sa$　　③ $P_0 Sa + \dfrac{k}{2}a^2$　　④ $P_0 Sa + ka^2$

III 次の問い **A**（問1），**B**（問2），**C**（問3）に答えなさい。

A 次の図は，ある時刻での，x 軸上を正の向きと負の向きに進む振幅と波長 λ がともに等しい 2 つの横波の波形を表している。この 2 つの横波は点 O で出会った。

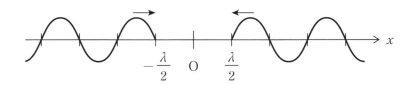

問1 2 つの横波が出会ってから，1 周期経過した後の波のようすはどうなるか。最も適当なグラフを，次の①〜④の中から一つ選びなさい。　|10|

①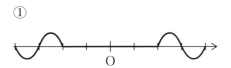

②

③

④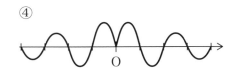

B 次の図のように，深さ d の水槽に厚さ $\dfrac{d}{2}$ の板を沈めて，水を注いだ後，図の左側から平面波を送ったところ，深さが変わるところで波面のようすが変化した。

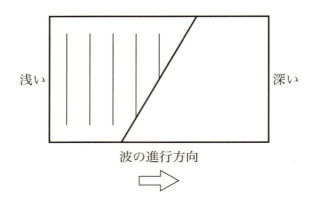

問2 波面のようすを正しく表しているものはどれか。最も適当なものを，次の①〜④の中から一つ選びなさい。 [11]

①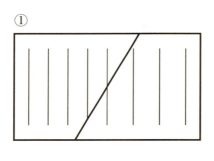

②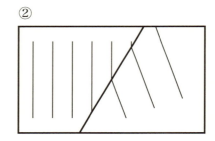

③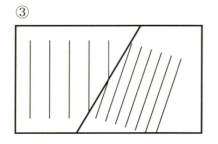

④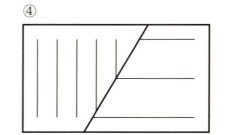

C 次の図のように，長さが 85 mm である 2 枚のガラス板の一端に髪の毛を挟み，A の側からガラス板に垂直に波長 6.4×10^{-7} m の単色光を照射して A の側から眺めると，髪の毛に平行に明暗の縞模様が見えた。このとき，隣り合う明るい縞の間隔は 0.40 mm であった。次に，眺める方向を変えずに，単色光を照射する向きを反対側の B の側からに変えた場合も，明暗の縞模様を見ることができた。

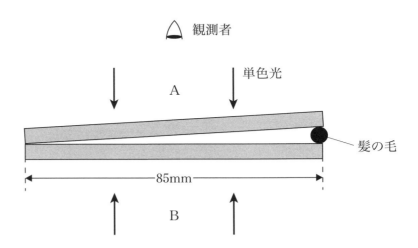

問 3 髪の毛の太さは何 m か。また，単色光を照射する向きを変えたとき，縞模様の明暗の位置はどうなるか。最も適当な組み合わせを，次の①〜⑧の中から一つ選びなさい。

|12|

	髪の毛の太さ [m]	明暗の位置
①	1.7×10^{-5}	同じ
②	3.4×10^{-5}	同じ
③	6.8×10^{-5}	同じ
④	1.4×10^{-4}	同じ
⑤	1.7×10^{-5}	逆
⑥	3.4×10^{-5}	逆
⑦	6.8×10^{-5}	逆
⑧	1.4×10^{-4}	逆

IV 次の問い A（問 1），B（問 2），C（問 3），D（問 4），E（問 5），F（問 6）に答えなさい。

A 次の図のように，xy 平面上の x 軸上に原点 O，点 A $(-d, 0)$，点 B $(3d, 0)$，点 C $(0, \sqrt{3}\,d)$ $(d > 0)$ がある。点 A には電気量 Q の正電荷を，点 B には点 C においた点電荷にはたらく力が y 軸方向になるような電気量の電荷を，点 C には電気量 $2Q$ の正電荷を置いた。クーロンの法則の比例定数を k とする。

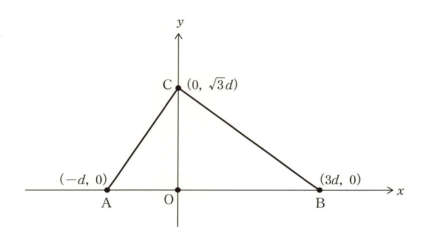

問 1 点 C の点電荷をゆっくりと原点 O まで移動したときに必要な仕事はどのように表されるか。正しいものを，次の①〜⑥の中から一つ選びなさい。 <u>13</u>

① $\dfrac{kQ^2}{6d}$ ② $\dfrac{kQ^2}{3d}$ ③ $\dfrac{2kQ^2}{3d}$

④ $\dfrac{\sqrt{3}\,kQ^2}{6d}$ ⑤ $\dfrac{\sqrt{3}\,kQ^2}{3d}$ ⑥ $\dfrac{2\sqrt{3}\,kQ^2}{3d}$

B 面積 S の正方形の電極 A，B を間隔 d で配置した平行板コンデンサーがある。初期の状態では電極間は真空で，電源に接続して電荷を蓄えた。その後，コンデンサーから電源を切り離し，次の図のように，比誘電率 $\varepsilon_r = 2$，厚さ $0.50d$ の誘電体を電極 A から $0.20d$ 下の位置に，$0.20S$ の面積分だけ入れた。電極 A には正電荷が蓄えられ，電極 B を電位の基準とする。

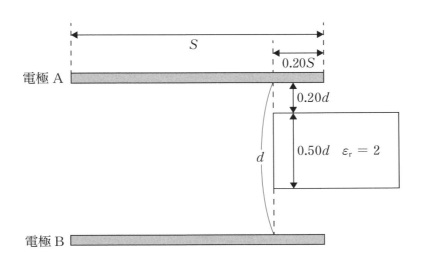

問 2 誘電体を入れた後の電極 A の電位は，入れる前の何倍になるか。最も適当な値を，次の①〜⑥の中から一つ選びなさい。　**14** 倍

① 0.47　　　② 0.55　　　③ 0.94
④ 1.1　　　⑤ 1.9　　　⑥ 2.2

C 断面積が均一になるようにして，長さ l の導線をつくり，両端に起電力 E，内部抵抗 r の電池を接続した。電池の起電力や内部抵抗は一定で，発熱による導線の抵抗率や体積の変化はないものとする。

問3 l を変化させたとき，導線で単位時間あたりに発生するジュール熱 Q はどのように変化するか。最も適当なグラフを，次の①〜⑤の中から一つ選びなさい。 |15|

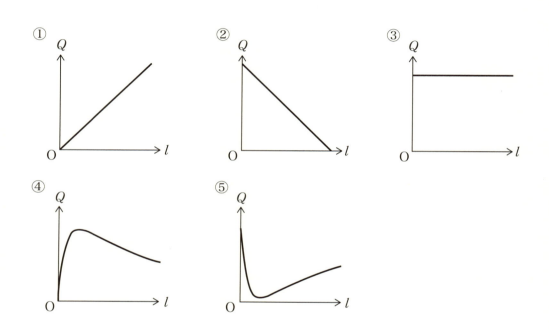

D 次の図のような，内部抵抗が無視できる起電力が 120 V と 70 V の直流電源 V₁, V₂，抵抗値が 200 Ω, 50 Ω および 40 Ω の抵抗 R₁, R₂, R₃, 容量が 10 pF のコンデンサー C，スイッチ S₁, S₂ からなる回路がある。S₂ を開いたまま S₁ を閉じた直後に R₂ を流れる電流の大きさを I_1，S₁, S₂ をともに閉じてじゅうぶん時間が経過した後に R₂ を流れる電流の大きさを I_2 とする。

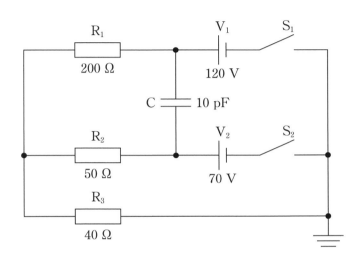

問 4 $\dfrac{I_2}{I_1}$ はいくらか。最も適当な値を，次の①～⑥の中から一つ選びなさい。 16

① $\dfrac{1}{3}$ ② $\dfrac{1}{2}$ ③ $\dfrac{3}{4}$ ④ $\dfrac{4}{3}$ ⑤ $\dfrac{3}{2}$ ⑥ 2

E 次の図のように，間隔 2L で 2 本の導体レール A，B が平行に並んでいる。導体レールは鉛直上向きで磁束密度 B の一様な磁場の中にあって水平面に対して 45°の角度で傾いており，上部に抵抗値が R の抵抗が接続されている。この平行な導体棒の上に導体棒 C（長さ 2L，質量 m）を置き，手をはなしたところ，C は A，B とつねに垂直を保ちながらなめらかに移動した。じゅうぶん時間が経過した後，C の速さは一定となった。導体棒および抵抗を接続している導線の抵抗は無視できるものとする。

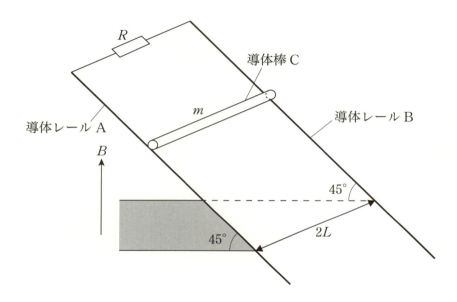

問 5 じゅうぶん時間が経過した後の導体棒 C の速さはどのように表されるか。正しいものを，次の①〜④の中から一つ選びなさい。　17

① $\dfrac{Rmg}{\sqrt{2}(LB)^2}$　　② $\dfrac{Rmg}{2(LB)^2}$　　③ $\dfrac{Rmg}{2\sqrt{2}(LB)^2}$　　④ $\dfrac{Rmg}{4(LB)^2}$

F 次の図は，陰極線から放出された電子の通り道の両側に電極を取り付けた装置である。このとき，電子が直進するように電極のある通り道に，紙面に対して垂直に磁束密度 B の一様な磁場を与えた。ただし，電極間の電圧は V，電極の間隔を d とする。また電子のもつ電気量の大きさを e とする。

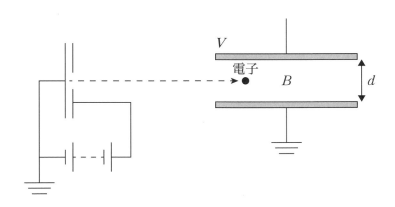

問6 極板間で直進させるための電子の速さはどのように表されるか。正しいものを，次の①～⑥の中から一つ選びなさい。 18

① $\dfrac{V}{B}$ ② $\dfrac{B}{V}$ ③ $\dfrac{BV}{d}$ ④ $\dfrac{B}{Vd}$

⑤ $\dfrac{V}{Bd}$ ⑥ $\dfrac{e^2V}{Bd}$ ⑦ $\dfrac{eV}{Bd^2}$ ⑧ $\dfrac{eV}{B^2d}$

V　次の問い **A**（**問1**）に答えなさい。

A　ウラン $^{238}_{92}\mathrm{U}$ は α 崩壊，β 崩壊をくりかえし，この崩壊の途中でラジウム $^{226}_{88}\mathrm{Ra}$ になり，最後に鉛 $_{82}\mathrm{Pb}$ になって安定する。

問1　$^{238}_{92}\mathrm{U}$ が $^{226}_{88}\mathrm{Ra}$ になるまでに，α 崩壊，β 崩壊をそれぞれ何回行ったか。正しい組み合わせを，次の①〜⑥の中から一つ選びなさい。　**19**

	α 崩壊 ［回］	β 崩壊 ［回］
①	2	3
②	2	4
③	3	2
④	3	4
⑤	4	2
⑥	4	3

第 ⑦ 回　模擬試験

解答時間：40分

7

I 次の問い **A**（問1），**B**（問2），**C**（問3），**D**（問4），**E**（問5），**F**（問6）に答えなさい。ただし，重力加速度の大きさを g とし，空気の抵抗は無視できるものとする。

A 次の図のような装置で，動滑車に質量 M のおもり A をつるして，傾斜角が θ である斜面上の質量 m の小物体 B を静かにはなしたところ，小物体 B は斜面に沿って上昇した。斜面に摩擦はなく，また，糸は伸び縮みせず，糸と滑車の質量は無視してよいものとする。

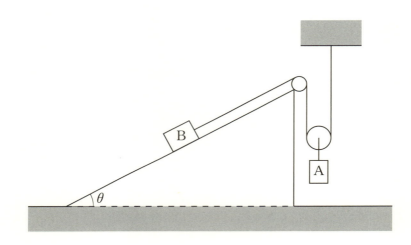

問1 斜面に沿って上昇する小物体 B の加速度の大きさ a はどのように表されるか。正しいものを，次の①〜④の中から一つ選びなさい。　**1**

① $\dfrac{M - 2m\sin\theta}{4m + M} g$ 　　② $\dfrac{2(M - 2m\sin\theta)}{m + 4M} g$

③ $\dfrac{M - 2m\sin\theta}{m + 4M} g$ 　　④ $\dfrac{2(M - 2m\sin\theta)}{4m + M} g$

B なめらかな床の上に質量 M の三角台が静置してある。傾斜角が θ である三角台の斜面上に，質量 m の小物体をのせて静かに手をはなすと，小物体は斜面上を滑り出し，三角台は床の上を滑り出した。このとき，三角台が床の上を滑る加速度の大きさは α，三角台の斜面に沿って滑る小物体の斜面に対する加速度の大きさは β であった。三角台の斜面とその上にある小物体との間には摩擦がないものとする。

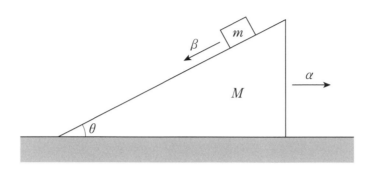

問 2 加速度の大きさ α，β はそれぞれどのように表されるか。正しい組み合わせを，次の①〜⑥の中から一つ選びなさい。 **2**

	α	β
①	$\dfrac{m\sin\theta\cos\theta}{M+m\sin^2\theta}\cdot g$	$\dfrac{M\sin\theta}{m+M\sin^2\theta}\cdot g$
②	$\dfrac{m\sin\theta\cos\theta}{M+m\sin^2\theta}\cdot g$	$\dfrac{Mm\sin\theta}{M+m\sin^2\theta}\cdot g$
③	$\dfrac{m\sin\theta\cos\theta}{M+m\sin^2\theta}\cdot g$	$\dfrac{(M+m)\sin\theta}{M+m\sin^2\theta}\cdot g$
④	$\dfrac{m\sin\theta}{M+m\sin^2\theta}\cdot g$	$\dfrac{M\sin\theta}{m+M\sin^2\theta}\cdot g$
⑤	$\dfrac{m\sin\theta}{M+m\sin^2\theta}\cdot g$	$\dfrac{Mm\sin\theta}{M+m\sin^2\theta}\cdot g$
⑥	$\dfrac{m\sin\theta}{M+m\sin^2\theta}\cdot g$	$\dfrac{(M+m)\sin\theta}{M+m\sin^2\theta}\cdot g$

C 次の図のように，半径 l の内面をもった半球殻をもつ茶碗が縁を上方水平にして固定されている。質量 m，長さ $2l$ の一様で真っ直ぐな細い棒の一端を半球殻の最下点 A にのせ，他端を外部に出して半球殻の縁 B に立てかけて静止させた。このとき，棒と水平面は $45°$ をなしていた。半球殻の縁 B では棒に摩擦力ははたらかないが，最下点 A では摩擦力がはたらくものとする。

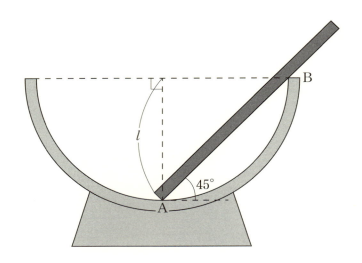

問3 点 A で棒にはたらく垂直抗力の大きさはどのように表されるか。正しいものを，次の①〜⑥の中から一つ選びなさい。　　3

① $\dfrac{\sqrt{2}}{4}mg$　　　　② $\dfrac{1}{2}mg$　　　　③ $\left(1-\dfrac{\sqrt{2}}{4}\right)mg$

④ $\left(\dfrac{1}{2}+\dfrac{\sqrt{2}}{8}\right)mg$　　⑤ $\dfrac{\sqrt{2}}{2}mg$　　　　⑥ $\left(\dfrac{1}{2}+\dfrac{\sqrt{2}}{4}\right)mg$

D　次の図のように，なめらかな面 ABCD 上を，大きさの無視できる同じ質量の 2 つの小球 a，b が運動する。水平面 AC は，点 O を通り紙面に垂直な直線を中心軸とする半径 r の半円筒面に，点 C でなめらかに接続している。点 B に静止している小球 b に，小球 a を速さ v_a で衝突させた。小球は完全非弾性衝突をし，点 C を通過した後，落下せずに半円筒面の最上部の位置 D まで到達した。

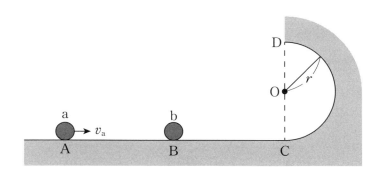

問 4　このときの v_a の条件として，最も適当なものを，次の①〜⑥の中から一つ選びなさい。　4

① $v_a \geq 2\sqrt{5gr}$　　② $v_a \geq \sqrt{5gr}$　　③ $v_a \geq 2\sqrt{3gr}$

④ $v_a \geq \sqrt{3gr}$　　⑤ $v_a \geq 2\sqrt{gr}$　　⑥ $v_a \geq 4\sqrt{gr}$

E なめらかな水平面の上に質量 M の三角台が静止しており，その三角台に向かって質量 m の小物体が速さ v_0 で進み，斜面を上昇した後，下降して水平面に降りた。水平面に降りたときの小物体の速度を v，三角台の速度を V とする。三角台の斜面と小物体の間には摩擦はなく，水平面と斜面はなめらかに接続しているものとする。

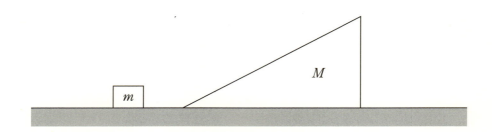

問5 v，V はそれぞれどのように表されるか。正しい組み合わせを，次の①〜④の中から一つ選びなさい。ただし，小物体の初速度の向きを速度の正の向きとする。　**5**

	v	V
①	$\dfrac{2M}{m+M}v_0$	$\dfrac{m}{m+M}v_0$
②	$\dfrac{2M}{m+M}v_0$	$\dfrac{2m}{m+M}v_0$
③	$\dfrac{m-M}{m+M}v_0$	$\dfrac{m}{m+M}v_0$
④	$\dfrac{m-M}{m+M}v_0$	$\dfrac{2m}{m+M}v_0$

F 次の図のように，質量 20 kg の物体 A が，水平方向右向きで大きさ F の力を受けて，なめらかな床の上を水平方向に移動している。質量 4 kg の物体 B は物体 A に押されて，物体 A に対して静止しながら物体 A と一体になって移動している。2 つの物体間には摩擦があり，静止摩擦係数を 0.6 とする。また，重力加速度の大きさ g を 10 m/s² とする。

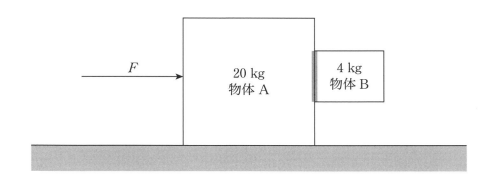

問 6 上記を満たすための F の最小値は何 N か。最も適当な値を，次の①～⑥の中から一つ選びなさい。　$\boxed{6}$ N

① 50　　　　② 100　　　　③ 200
④ 400　　　⑤ 800　　　⑥ 1600

$\boxed{\text{II}}$　次の問い A（問1），B（問2），C（問3）に答えなさい。

A　100 g の水を熱容量 80.0 J/K の容器に入れてから，抵抗値が 40 Ω の電熱線を投入して，100 V の電圧を加えたところ，全体の温度が 12.0℃上昇した。電熱線が発生したジュール熱は，損失なくまわりの水と容器に伝わったものとする。また，水の比熱は 4.2 J/(g·K) とする。

問1　電圧を加えた時間は何 s か。最も適当な値を，次の①〜⑥の中から一つ選びなさい。

$\boxed{7}$ s

① 2.1　　　　　② 2.4　　　　　③ 6.0

④ 21　　　　　⑤ 24　　　　　⑥ 60

B 次の図のように，断熱材でできた断面積 S のシリンダーとなめらかに動くピストンが水平に置かれている。ピストンにはばね定数 k のばねがつながれ，ばねの他端は壁に固定されている。シリンダー中には大きさが無視できるヒーターが設置されている。大気圧 p_0 の下でシリンダー中に $1\,\mathrm{mol}$ の単原子分子理想気体を封入した。ピストンの位置を図のように x 座標で表し，シリンダーの端を原点 $x = 0$ にとる。ばねが自然長でピストンが静止した状態（位置 $x = l$）から，気体をヒーターでゆっくりと加熱したところ，加熱終了後にピストンは位置 $x = 2l$ で静止した。気体定数を R とする。

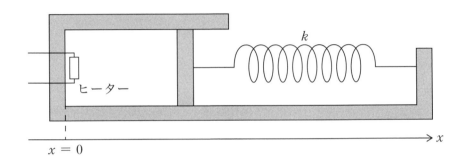

問 2 この加熱過程において，気体に加えられた熱量はどのように表されるか。正しいものを，次の①～⑥の中から一つ選びなさい。　8

① $p_0 lS + \dfrac{1}{2} kl^2$　　② $p_0 lS + 2kl^2$　　③ $p_0 lS + \dfrac{3}{2} kl^2$

④ $\dfrac{3}{2} p_0 lS + 2kl^2$　　⑤ $\dfrac{3}{2} p_0 lS + 3kl^2$　　⑥ $\dfrac{5}{2} p_0 lS + \dfrac{7}{2} kl^2$

C　なめらかに動くピストンをもつシリンダー内にある 1 mol の単原子分子理想気体を，次の p–V 図のように A → B → C → D → A と状態を変化させる。A → B，C → D は断熱変化，B → C は定圧変化，D → A は定積変化である。状態 A，B，C，D の体積をそれぞれ V_A，V_B，V_C，V_A，絶対温度をそれぞれ T_A，T_B，T_C，T_D とする。また，気体定数を R とする。

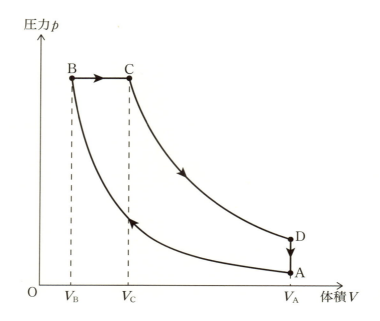

問 3　$V_C = 3V_B$ のとき，この 1 サイクルの間に気体が外部にする仕事は T_A，T_B，T_D を用いてどのように表されるか。正しいものを，次の①〜⑥の中から一つ選びなさい。

<u>9</u>

① $\dfrac{R}{4}(6T_A + 3T_B - 6T_D)$　　② $\dfrac{R}{4}(-6T_A - 3T_B + 6T_D)$

③ $\dfrac{R}{2}(3T_A + 5T_B - 3T_D)$　　④ $\dfrac{R}{2}(-3T_A - 5T_B + 3T_D)$

⑤ $\dfrac{R}{2}(3T_A + 10T_B - 3T_D)$　　⑥ $\dfrac{R}{2}(-3T_A - 10T_B + 3T_D)$

Ⅲ 次の問い **A**（**問1**），**B**（**問2**），**C**（**問3**）に答えなさい。

A 次の式は，位置 x［m］の媒質の時刻 t［s］における変位を y［m］とするとき，x 軸の正の向きに進む波を表している。

$$y = 2.0 \sin \pi(10t - 40x)$$

問1 この波の波長は何 m で周期は何 s か。最も適当な組み合わせを，次の①〜④の中から一つ選びなさい。 **10**

	波長［m］	周期［s］
①	0.050	0.20
②	0.050	0.40
③	10	0.10
④	10	1.0

B 次の図のような，無限に長い管の中での音波について考える。振動数 f の音を出す静止した音源 S から平面波とみなせる音波が両側に出ている。音源 S の右側にある壁は速さ v で右へ移動していて，音波は壁で反射する。音源 S の左側にいる観測者 O が音源 S に速さ v で近づいたとき，観測者 O がうなりを観測した。v は音速 V よりも十分に小さく，空気の流れは起こらないものとし，管の内壁の影響は考えないものとする。

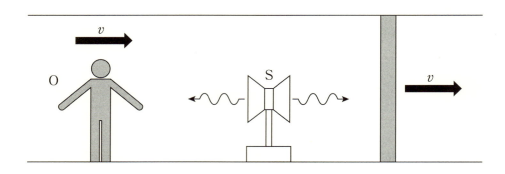

問 2 観測者 O が観測した 1 [s] 間あたりのうなりの回数はどのように表されるか。正しいものを，次の①～⑥の中から一つ選びなさい。　　11

① $\dfrac{v}{V}f$　　　　② $\dfrac{2v}{V}f$　　　　③ $\dfrac{v}{V+v}f$

④ $\dfrac{2v}{V+v}f$　　⑤ $\dfrac{v}{V-v}f$　　⑥ $\dfrac{2v}{V-v}f$

C 次の図のように，厚さ d の平らな薄膜に波長 λ の単色光が入射する。点 A で薄膜に入射した光は屈折角 $60°$ の方向に進み，点 B で反射し，点 C から点 D の方向へ出て行く。この光と，点 C で反射した光との干渉を考える。空気の屈折率を 1，薄膜の屈折率を n $(n>1)$，m を正の整数とする。

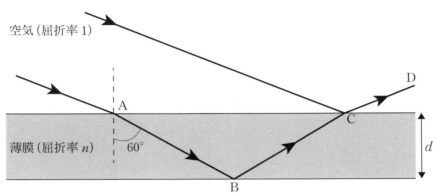

問3 2つの経路の光が強め合う条件として，最も適当なものを，次の①～⑧の中から一つ選びなさい。　12

① $nd = \lambda m$　　② $nd = \dfrac{\lambda}{2}(2m-1)$　　③ $nd = 2\lambda m$

④ $nd = \lambda(2m-1)$　　⑤ $nd = \dfrac{1}{\sqrt{3}}\lambda m$　　⑥ $nd = \dfrac{\lambda}{2\sqrt{3}}(2m-1)$

⑦ $nd = \dfrac{2}{\sqrt{3}}\lambda m$　　⑧ $nd = \dfrac{\lambda}{2\sqrt{3}}(2m+1)$

IV 次の問い A（問1），B（問2），C（問3），D（問4），E（問5），F（問6）に答えなさい。

A 次の図のように，表面に正電荷を一様に与えた状態の中空金属球がある。

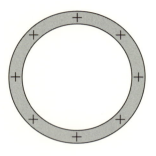

問1 電場のようすを正しく表している電気力線のようすはどれか。最も適当なものを，次の①〜④の中から一つ選びなさい。 | 13 |

①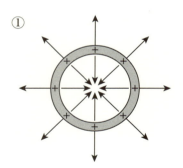

②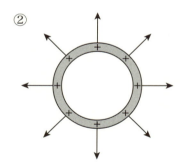

③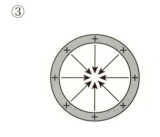

④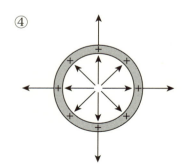

B 次の図のように，内部抵抗が無視できる起電力が10Vの電池に3個の抵抗（抵抗R₁，R₂，R₃）がつながれた直流回路がある。点bで電流の大きさを測定したところ，400 mAであった。ただし，R₁，R₂の抵抗値はそれぞれ60Ω，20Ωとする。

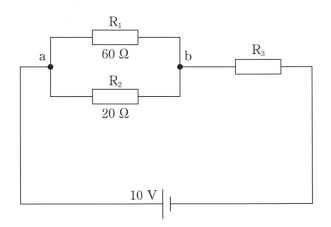

問2 R₃の抵抗値は何Ωか。最も適当な値を，次の①～⑧の中から一つ選びなさい。

[14] Ω

① 5.0   ② 10   ③ 15   ④ 20
⑤ 25   ⑥ 30   ⑦ 35   ⑧ 40

C 図1のように，幅 $2l$，奥行き L の極板2枚を，間隔 d だけ離して平行に設置したコンデンサーがあり，スイッチにより起電力 V の電池に接続することができる。最初に，コンデンサーの極板間に幅 l，奥行き L，厚さ d の誘電体を図1のように挿入し，スイッチを閉じてコンデンサーを充電した（状態1）。次に，電池を接続したまま，図2のように，誘電体を x 軸の正の向きに x（$0 < x < l$）だけゆっくりと動かした後，固定した（状態2）。クーロンの法則の比例定数を k，真空の誘電率を ε_0，誘電体の誘電率を $(1+k)\varepsilon_0$（$k > 0$）とする。また，誘電体は摩擦なく移動でき，極板や誘電体の端での電場の乱れや回路で発生するジュール熱は無視できるものとする。

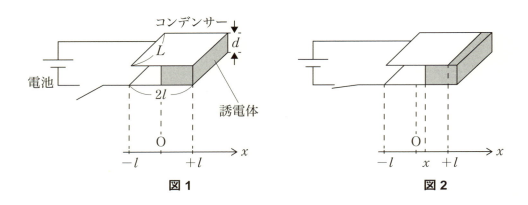

図1　　　　　　　　　**図2**

問3　状態1から状態2への変化の際に電池がした仕事および静電エネルギーの変化量は，それぞれどのように表されるか。正しい組み合わせを，次の①〜⑥の中から一つ選びなさい。ただし，$\dfrac{k\varepsilon_0 LV^2}{d} = F$ とする。　　**15**

	電池がした仕事	静電エネルギーの変化量
①	$\dfrac{1}{2}Fx$	Fx
②	Fx	$\dfrac{1}{2}Fx$
③	$2Fx$	Fx
④	$-\dfrac{1}{2}Fx$	$-Fx$
⑤	$-Fx$	$-\dfrac{1}{2}Fx$
⑥	$-2Fx$	$-Fx$

D コンデンサーC，抵抗R，起電力Vの電池EとスイッチSを使って回路をつくった。図1はスイッチSを閉じる前で，図2はスイッチSを閉じてから，じゅうぶん時間が経過した後である。はじめに，コンデンサーには電荷が蓄えられていないものとする。

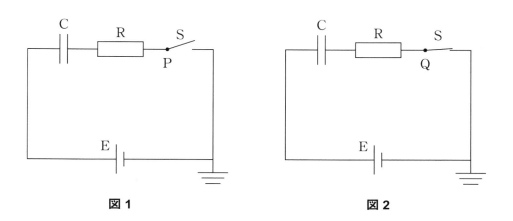

図1　　　　　　　　　　図2

問 4 図1と図2における，点Pと点Qの電位はそれぞれどのように表されるか。正しい組み合わせを，次の①〜⑨の中から一つ選びなさい。　16

	点Pの電位	点Qの電位
①	$-V$	$-V$
②	$-V$	0
③	$-V$	V
④	0	$-V$
⑤	0	0
⑥	0	V
⑦	V	$-V$
⑧	V	0
⑨	V	V

E 次の図のように，2つの導体棒が，水平に置かれた間隔 L の平行な2本の金属レール上に垂直を保って置かれている。また，紙面に垂直に手前向きに大きさ B の一様な磁束密度が与えられている。いま，導体棒 A に外力を与え，図の右側に一定の速さ v で運動させたところ，導体棒 B も動き出して，やがて一定の速さになった。ただし，金属レールと導体棒 A の抵抗は考えないものとし，導体棒 B の抵抗値は R とする。また，金属レールと導体棒との間には摩擦はないものとする。

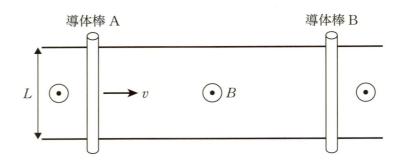

問 5 導体棒 B の速さが一定になったときの速さはどのように表されるか。正しいものを次の①〜④の中から一つ選びなさい。 17

① 0.25v ② 0.50v ③ v ④ 2v

F 次の図のように,透磁率が μ の鉄心に2つのコイルを巻いた。コイルAの巻き数は N で,長さが L であり,コイルBの巻き数は n で,鉄心の断面積は S である。コイルAに電流が流れ始めた直後,コイルBに誘導起電力が発生した。

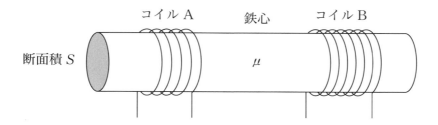

問6 2つのコイルの間の相互インダクタンスはどのように表されるか。正しいものを,次の①〜④の中から一つ選びなさい。　18

① $\dfrac{\mu n N L}{S}$　　② $\dfrac{\mu n N S}{L}$　　③ $\mu n N S$　　④ $\mu n N S L$

V 次の問い A（問1）に答えなさい。

A 図1は銀でできた陽極をもつX線管である。このX線管で発生するX線の波長λと強度の関係を測定したところ，図2のようになった。

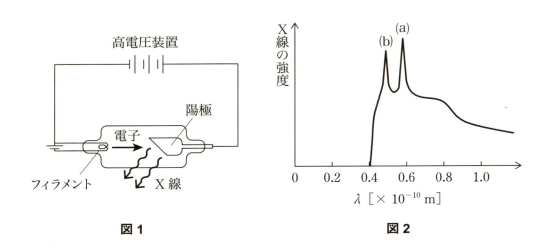

図1　　　　　図2

問1 加速電圧を2倍にしたとき，X線の最短波長および特性X線のピーク(a)，(b)の波長はどうなるか。正しい組み合わせを次の①～⑨の中から一つ選びなさい。 19

	X線の最短波長	特性X線のピーク(a)，(b)の波長
①	$\frac{1}{2}$になる	$\frac{1}{2}$になる
②	$\frac{1}{2}$になる	変化しない
③	$\frac{1}{2}$になる	2倍になる
④	変化しない	$\frac{1}{2}$になる
⑤	変化しない	変化しない
⑥	変化しない	2倍になる
⑦	2倍になる	$\frac{1}{2}$になる
⑧	2倍になる	変化しない
⑨	2倍になる	2倍になる

第 8 回　模擬試験

解答時間：40分

8

I　次の問い A（問 1），B（問 2），C（問 3），D（問 4），E（問 5），F（問 6）に答えなさい。ただし，重力加速度の大きさを g とし，空気の抵抗は無視できるものとする。

A　右の図のように，質量 m，体積 V の物体を，十分に大きくかつ深いビーカーに満たした密度 ρ の粘性の高い液体中に全体を浸した後（状態 A），静かに糸をはなすと，物体は液中を落下した。落下中の物体は速度 v に比例した抵抗力（大きさ kv（k は比例定数））を受ける。落下速度はやがてほぼ一定値（終端速度）v_{f} となり（状態 B），物体はビーカーの底に達した。ビーカーは台ばかりの上に設置されており，台ばかりは液体とビーカー（質量の合計は M）が台ばかりの台を押す力の大きさを指示値として示す。ただし，糸の質量と体積は無視できるものとする。

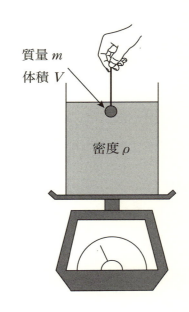
質量 m
体積 V
密度 ρ

問 1　状態 A，B における台ばかりの指示値は，それぞれどのように表されるか。正しい組み合わせを，次の①～⑥の中から一つ選びなさい。　1

	状態 A	状態 B
①	$(M+\rho V)g$	$(M+\rho V)g$
②	$(M+\rho V)g$	$\left\{M+\dfrac{1}{2}(m+\rho V)\right\}g$
③	$(M+\rho V)g$	$(M+m)g$
④	$(M+m)g$	$(M+\rho V)g$
⑤	$(M+m)g$	$\left\{M+\dfrac{1}{2}(m+\rho V)\right\}g$
⑥	$(M+m)g$	$(M+m)g$

B 次の図のように，台上の $2l$ だけ離れた場所に，互いに逆向きに高速で回転している 2 つのローラーがあり，その上に質量 M の一様な厚さの板がのせられている。板は，軽くて伸び縮みしないひもで壁につながれており，その重心は 2 つのローラーの中間点 O から右に d だけ離れた地点で静止している。板の長さは $2l$ よりも十分に長く，$0 < d < l$ とする。また，板とローラーとの間の動摩擦係数を μ' とする。

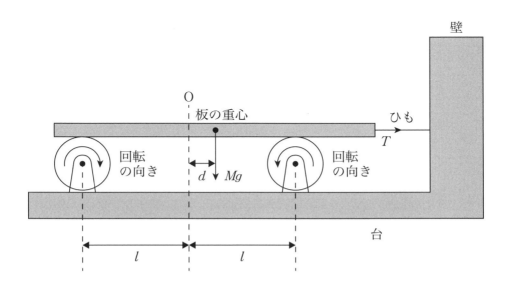

問 2 ひもの張力 T はどのように表されるか。正しいものを，次の①〜⑥の中から一つ選びなさい。　 **2**

① $\mu'Mg$ 　　② $\dfrac{\mu'dMg}{2l}$ 　　③ $\dfrac{\mu'dMg}{l}$

④ $\dfrac{2\mu'dMg}{l}$ 　　⑤ $\dfrac{\mu'(l+d)Mg}{2l}$ 　　⑥ $\dfrac{\mu'(l-d)Mg}{2l}$

C 次の図のように，質量 M，1辺の長さ a の立方体の木片に質量 m の弾丸を打ち込む実験を行った。木片はなめらかな床の上に置かれ，水平方向のみに自由に動く。弾丸を木片の面に垂直に水平方向から当てると，弾丸は一定の抵抗力 R を受けながら深さ $\dfrac{a}{4}$ だけ木片に入り込み，木片と一体となって一定の速さで動いた。木片や弾丸の自転の影響は無視できるものとする。

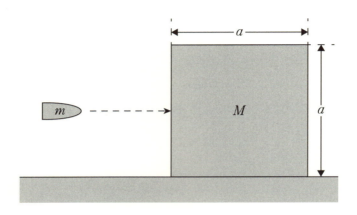

問3 木片の面に衝突した瞬間の弾丸の速さはどのように表されるか。正しいものを，次の①〜⑥の中から一つ選びなさい。 　3

① $\dfrac{1}{2}\sqrt{\dfrac{(m+M)aR}{mM}}$ ② $\sqrt{\dfrac{(m+M)aR}{2mM}}$ ③ $\sqrt{\dfrac{2(m+M)aR}{mM}}$

④ $\dfrac{1}{2}\sqrt{\dfrac{mMR}{a(m+M)}}$ ⑤ $\sqrt{\dfrac{mMR}{2a(m+M)}}$ ⑥ $\sqrt{\dfrac{2mMR}{a(m+M)}}$

D なめらかな水平面上に物体 A を置き，そこに，左方から物体 B を速さ v_0 で進ませて衝突させたところ，二つの物体は図のように進んだ。物体 A の質量は m，物体 B の質量は $2m$ である。

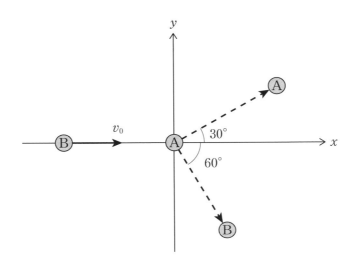

問 4 衝突後の物体 A の速さはどのように表されるか。正しいものを，次の①〜④の中から一つ選びなさい。　4

① $\dfrac{1}{3}v_0$　　② $\dfrac{1}{\sqrt{3}}v_0$　　③ $\sqrt{3}\,v_0$　　④ $3v_0$

E 次の図のような，底面の中心をO，頂点をA，底面の円周上の1点をBとしたときに∠OAB = θ である円錐容器のなめらかな内面上における質量 m の小球の運動を考える。小球を面に沿って水平方向に放出したところ，小球は高さ H で等速円運動を続けた。

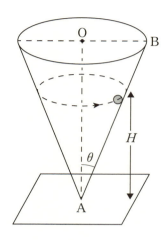

問5 等速円運動する小球の速さはどのように表されるか。正しいものを，次の①〜⑥の中から一つ選びなさい。　5

① $\sqrt{gH}$ 　　② $\sqrt{gH\cos\theta}$ 　　③ $\sqrt{gH\sin\theta}$

④ $\sqrt{\dfrac{H}{g}}$ 　　⑤ $\sqrt{\dfrac{H\cos\theta}{g}}$ 　　⑥ $\sqrt{\dfrac{H\sin\theta}{g}}$

F　図1のように，ばね定数がそれぞれ k，$2k$ の2つの軽いばね A，B を天井からつるし，ばねの下端に質量 m の小球を取り付けた。小球をつり合いの位置から距離 a だけ引き下げてから手をはなすと，小球は上下に単振動を始めた。このときの周期を T_1，小球がつり合いの位置を通過する瞬間の速さを v_1 とする。次に，図2のように，2つのばね A，B の間に質量 m の小球を取り付けた。ただし，小球は2つのばねが自然長である状態で設置し，ばねの下端は床に固定されている。小球をつり合いの位置から距離 a だけ引き下げてから手をはなすと，小球は上下に単振動を始めた。このときの周期を T_2，小球がつり合いの位置を通過する瞬間の速さを v_2 とする。

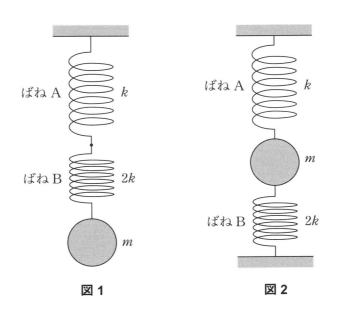

図1　　**図2**

問6　T_1 と T_2 の大小関係および v_1 と v_2 の大小関係はそれぞれどうなるか。正しい組み合わせを，次の①～⑤の中から一つ選びなさい。　6

	T_1 と T_2 の大小関係	v_1 と v_2 の大小関係
①	$T_1 = T_2$	$v_1 = v_2$
②	$T_1 > T_2$	$v_1 > v_2$
③	$T_1 > T_2$	$v_1 < v_2$
④	$T_1 < T_2$	$v_1 > v_2$
⑤	$T_1 < T_2$	$v_1 < v_2$

$\boxed{\text{II}}$　次の問い **A**（**問1**），**B**（**問2**），**C**（**問3**）に答えなさい。

A　室温が20℃の部屋に熱容量が60 J/K のフライパンがあり，フライパンは室内の空気と熱平衡状態になっている。その中に比熱が2.0 J/(g·K) で室温のオリーブオイルを170 g 入れて，コンロにかけてゆっくりと加熱すると，フライパンとその中に入れたオリーブオイルの温度が80℃になった。ただし，コンロが与えた熱はすべてフライパンとその中に入れたオリーブオイルに加わったものとする。

問1　コンロが与えた熱量は何 J か。最も適当な値を，次の①〜⑥の中から一つ選びなさい。　$\boxed{7}$ J

① 2.4×10^3　　　　② 2.8×10^3　　　　③ 3.2×10^3

④ 2.4×10^4　　　　⑤ 2.8×10^4　　　　⑥ 3.2×10^4

156

B 熱気球は，バーナーで温めた空気を袋内に送り込み，それによって生じる浮力により空中に浮上することができる。次の図のように，水平な地面に熱気球が接している。熱気球の袋の容積を V_0，（搭乗者を含めた）気球材料の質量を M，外気の密度を ρ_0，外気の絶対温度を T_0，外気圧を P_0 とする。熱気球の袋内の圧力はつねに P_0 と等しく，袋の容積は圧力，温度によらずつねに一定で，気球材料の体積は無視できる。空気は理想気体として扱い，気体の状態方程式が成り立つものとする。

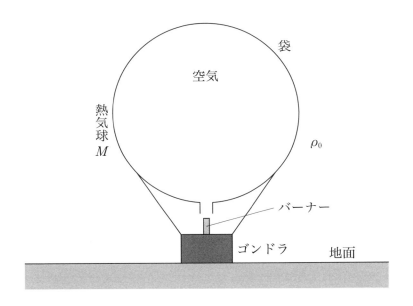

問2 この気球を浮上させるためには，袋内の空気の絶対温度をいくら以上にする必要があるか。正しいものを，次の①〜⑥の中から一つ選びなさい。　　8

① $\dfrac{\rho_0 V_0}{M} T_0$ 　　② $\dfrac{M}{\rho_0 V_0} T_0$ 　　③ $\dfrac{\rho_0 V_0}{\rho_0 V_0 - M} T_0$

④ $\dfrac{M}{\rho_0 V_0 - M} T_0$ 　　⑤ $\dfrac{\rho_0 V_0 + M}{\rho_0 V_0} T_0$ 　　⑥ $\dfrac{\rho_0 V_0 + M}{\rho_0 V_0 - M} T_0$

C 1 mol の単原子分子理想気体を，次の図のように，A → B → C → A の順にゆっくりと変化させた。A → B は定積変化，B → C は断熱変化，C → A は定圧変化である。このサイクルを熱機関とみなしたときの熱効率は e であった。気体定数を R とする。

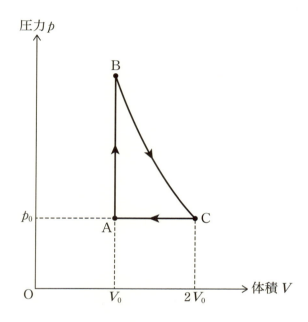

問3 B → C において，気体が外部にした仕事はどのように表されるか。正しいものを，次の①〜⑥の中から一つ選びなさい。 $\boxed{9}$

① $\dfrac{5}{2(1-e)} p_0 V_0$ ② $\dfrac{9e-4}{2(1-e)} p_0 V_0$ ③ $\dfrac{2+3e}{2(1-e)} p_0 V_0$

④ $\dfrac{3(1+e)}{2(1-e)} p_0 V_0$ ⑤ $\dfrac{5+2e}{2(1-e)} p_0 V_0$ ⑥ $\dfrac{5+3e}{2(1-e)} p_0 V_0$

III 次の問い A（問 1），B（問 2），C（問 3）に答えなさい。

A 次の図は，速さ 50 m/s で x 軸上を負の向きに進んでいる振幅が A [m] の正弦波の時刻 $t = 0$ s における波形を表している。

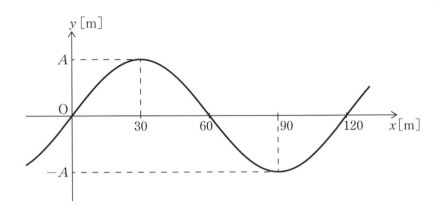

問 1 $x = 80$ m における変位 y [m] は時刻 t [s] に対してどのように変化するか。最も適当なグラフを，次の①〜④の中から一つ選びなさい。 10

①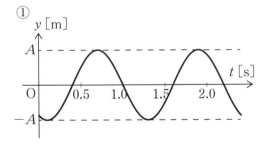

②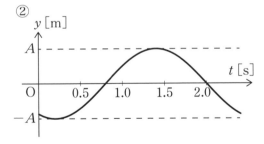

③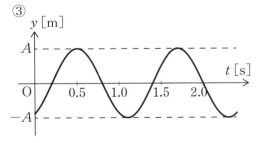

④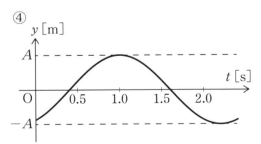

B 等間隔に多数のスリットが並んだものを回折格子という。次の図は，回折格子に波長が 5.0×10^{-7} m の単色光が入射したようすを模式的に表したものである。この図の回折角 θ の方向に 1 次の明線が得られた。回折格子のスリットは 1.0 cm あたり 10000 本であり，回折格子とスクリーンの間の距離は 4.0 m である。

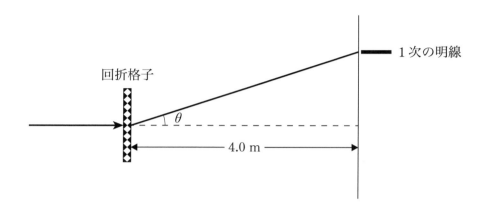

問 2 回折角 θ は何度か。最も適当な値を，次の①～④の中から一つ選びなさい。 11

① 15°   ② 30°   ③ 45°   ④ 60°

C 屈折率 1.3 の水を水槽に入れたところ、深さが d になった。この水槽に硬貨を沈めた。ただし、空気の屈折率を 1.0 とし、θ が十分小さいとき、$\sin\theta \fallingdotseq \tan\theta$ と近似できるものとする。

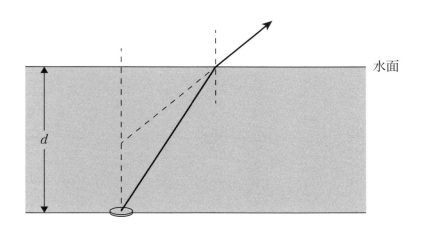

問 3 水面を真上からながめたとき、硬貨はどれだけ浮き上がって見えるか。最も適当なものを、次の①〜④の中から一つ選びなさい。

[12]

① 0.11d ② 0.23d ③ 0.33d ④ 0.44d

IV 次の問い A（問 1），B（問 2），C（問 3），D（問 4），E（問 5），F（問 6）に答えなさい。

A 次の図のように，一直線上に一定の間隔 a で，電気量がそれぞれ Q_1，Q_2，Q_3 である 3 つの点電荷を置くと，点電荷にはたらく力がつり合ってすべての点電荷が静止した。

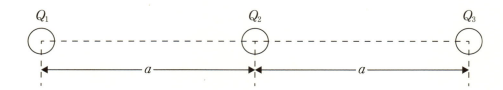

問 1 $\left|\dfrac{Q_1}{Q_2}\right|$ はいくらか。正しい値を，次の①〜⑤の中から一つ選びなさい。 13

① 1 ② 2 ③ 3 ④ 4 ⑤ 8

B 次の図のように，4個の抵抗が接続されている回路がある。そのうち，抵抗1の抵抗値だけが6Ωであるとわかっている。4個の抵抗による消費電力の比（抵抗1：抵抗2：抵抗3：抵抗4）は，9：1：3：8であった。

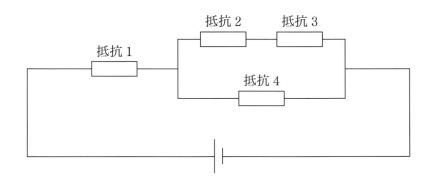

問2 抵抗2と抵抗4の抵抗値はそれぞれ何Ωか。最も適当な組み合わせを，次の①～⑥の中から一つ選びなさい。 **14**

	抵抗2	抵抗4
①	4Ω	10Ω
②	4Ω	12Ω
③	4Ω	18Ω
④	6Ω	10Ω
⑤	6Ω	12Ω
⑥	6Ω	18Ω

C 次の図のように，2個の電池（起電力 E_a, E_b），3個の抵抗（抵抗値 R_1, R_2, R_3），コンデンサー C，2個のスイッチ S_1, S_2，電流計を接続して回路をつくった。最初に，スイッチ S_1 を閉じてしばらくすると，電流計の値が0となった。その後，時刻 $t = 0$ にスイッチ S_1 を開いて，時刻 $t = t_1$ にスイッチ S_2 を閉じた。電池と電流計の内部抵抗は無視でき，最初にコンデンサーには電荷が蓄えられていないものとする。

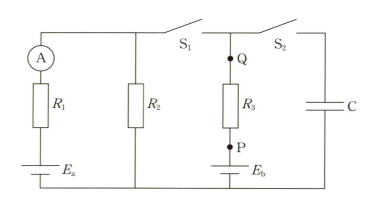

問3 起電力 E_b はどのように表されるか。また，PQ間の電位差は時刻 t に対してどのように変化するか。最も適当な組み合わせを，次の①〜⑥の中から一つ選びなさい。

15

	起電力 E_b	電位差の変化		起電力 E_b	電位差の変化
①	$\dfrac{R_1 + R_2}{R_1} E_a$	電位差が t_1 で急上昇し減衰する	②	$\dfrac{R_1 + R_2}{R_1} E_a$	電位差が t_1 以降に増加し飽和する
③	$\dfrac{R_2 + R_3}{R_2} E_a$	電位差が t_1 で急上昇し減衰する	④	$\dfrac{R_2 + R_3}{R_2} E_a$	電位差が t_1 以降に増加し飽和する
⑤	$\dfrac{R_1 + R_3}{R_3} E_a$	電位差が t_1 で急上昇し減衰する	⑥	$\dfrac{R_1 + R_3}{R_3} E_a$	電位差が t_1 以降に増加し飽和する

D 次の図は，3個の抵抗 R₁, R₂, R₃ と電池 E₁, E₂ でつくった回路である。抵抗 R₁ の抵抗値は 8.0 Ω，抵抗 R₂ の抵抗値は 20 Ω，抵抗 R₃ の抵抗値は 10 Ω である。また，電池 E₁ の起電力は 12 V，電池 E₂ の起電力は 10 V である。電池の内部抵抗は無視できるものとする。

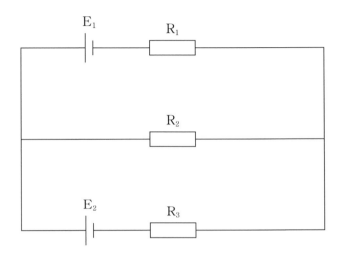

問4 抵抗 R₂ を流れる電流は何 A か。最も適当な値を，次の①〜④の中から一つ選びなさい。　**16** A

① 0.23　　② 0.45　　③ 0.83　　④ 0.90

E 次の図の■の領域には，紙面に垂直に裏から表へ向いた磁束密度 B の一様な磁場が存在する（この領域を磁場領域とよぶ）。1辺の長さが l の正方形の閉じた1巻きコイルを，紙面に平行に保ったまま，一定の速度 v で図の(ア)→(イ)→(ウ)→(エ)のように運動させる。進行方向は磁場領域の境界に垂直であり，正方形の辺は，進行方向に対して 45° 傾いているものとする。また，コイルの全抵抗を R とし，コイルがはじめて磁場領域と接する時刻を $t=0$，コイルが完全に磁場領域に入る時刻を $t=t_\mathrm{f}$ とする。時刻 $0 \leq t \leq t_\mathrm{f}$ において，コイルを一定の速度に保つためには，コイルに外力 F を加える必要がある。

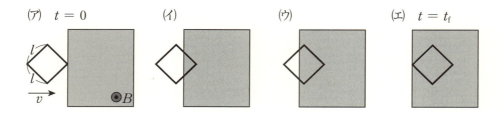

問 5 外力の大きさ F と時刻 t の関係を表すグラフとして最も適当なものを，次の①〜⑥の中から一つ選びなさい。 |17|

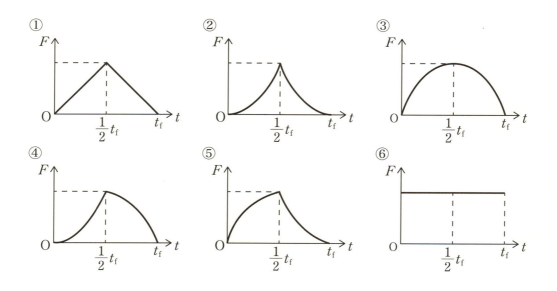

F 次の図は，交流電圧 $V = V_0 \sin 2\pi ft$（V_0：振幅，f：振動数，t：時刻）を自己インダクタンス L のコイルと，電気容量 C のコンデンサーにそれぞれ与えたときの回路図である。

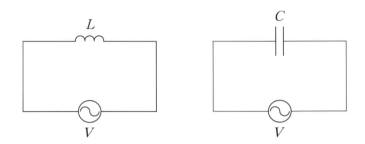

問6 交流に対するコイルの誘導リアクタンス X_L の値とコンデンサーの容量リアクタンスの値 X_C のそれぞれの交流の振動数 f との関係を表すグラフはどれか。最も適切なものを，次の①〜④の中から一つ選びなさい。　**18**

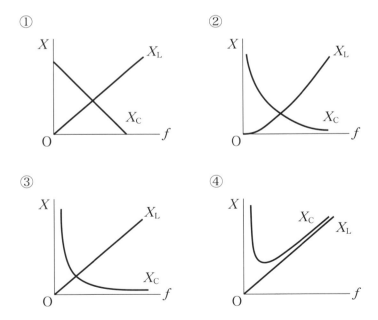

$\boxed{\text{V}}$ 次の問い **A**（**問1**）に答えなさい。

A　原子の定常状態は，波動としての電子が原子核を中心とする円軌道上にあたかも定常波をつくっている状態とみなされる。

問1　量子数 n（$n = 1, 2, 3, \cdots$）の定常状態における円軌道の半径 r，電子の質量 m，電子の速さ v，プランク定数 h の間に成り立つ関係式として正しいものを，次の①～⑥の中から一つ選びなさい。　$\boxed{\textbf{19}}$

①　$\pi r^2 = \dfrac{nmv}{h}$ 　　　②　$\pi r = \dfrac{nmv}{h}$ 　　　③　$2\pi r = \dfrac{nmv}{h}$

④　$\pi r^2 = \dfrac{nh}{mv}$ 　　　⑤　$\pi r = \dfrac{nh}{mv}$ 　　　⑥　$2\pi r = \dfrac{nh}{mv}$

第 ⑨ 回 模擬試験

解答時間：40分

9

I 次の問い A（問1），B（問2），C（問3），D（問4），E（問5），F（問6）に答えなさい。ただし，重力加速度の大きさを g とし，空気の抵抗は無視できるものとする。

A なめらかな水平面上に質量 M の板を置き，その上に質量 m の直方体を置いた。この直方体に初速度 v_0 を与えたところ，直方体は板の上を滑りながら進み，やがて直方体と板は一体化して進んだ。直方体と板の間の動摩擦係数を μ' とする。

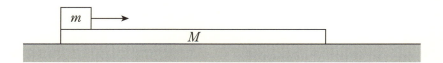

問1 直方体が板と一体化するまでに進んだ板上の距離はどのように表されるか。正しいものを，次の①〜④の中から一つ選びなさい。　1

① $\dfrac{mv_0^2}{2\mu'(m+M)g}$　　　　② $\dfrac{Mv_0^2}{2\mu'(m+M)g}$

③ $\dfrac{mv_0^2}{\mu'(m+M)g}$　　　　④ $\dfrac{Mv_0^2}{\mu'(m+M)g}$

B 次の図のように,傾き θ の斜面上に,辺の長さが a, b である面を手前に向けて,質量 m の均質な直方体が静止している。この直方体に,斜面に平行で大きさ F の力を右下端から h の位置に加えると,直方体が左下端 P を中心に傾き出す前に斜面を滑り出した。直方体と斜面との間の静止摩擦係数を μ とする。

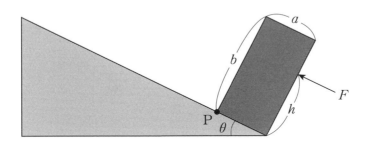

問 2 h が満たす条件として最も適当なものを,次の①〜⑥の中から一つ選びなさい。

2

① $h < \dfrac{a\sin\theta + b\cos\theta}{2(\sin\theta + \mu\cos\theta)}$ 　　② $h < \dfrac{a\cos\theta + b\sin\theta}{2(\cos\theta + \mu\sin\theta)}$

③ $h < \dfrac{a\cos\theta + b\sin\theta}{2(\sin\theta + \mu\cos\theta)}$ 　　④ $h < \dfrac{a\sin\theta + b\cos\theta}{\sin\theta + \mu\cos\theta}$

⑤ $h < \dfrac{a\cos\theta + b\sin\theta}{\cos\theta + \mu\sin\theta}$ 　　⑥ $h < \dfrac{a\cos\theta + b\sin\theta}{\sin\theta + \mu\cos\theta}$

C 次の図のように，水平からの高さ H の位置から質量 $2m$ の小物体 A を静かにはなした。物体は摩擦のない斜面 P を滑り降りて，摩擦のない水平面上に置いてある質量 m の物体 B に弾性衝突した。その後，物体 B は摩擦のある，水平面と 30° の角度をなす右側の斜面 Q を上昇して高さ h に達して静止した。物体 B と斜面 Q との間の動摩擦係数は $\dfrac{1}{\sqrt{3}}$ である。水平面と斜面はなめらかに接続しているものとする。

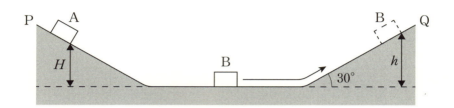

問 3 物体 B の最高点の高さ h はどのように表されるか。正しいものを，次の①〜⑥の中から一つ選びなさい。　3

① $\dfrac{8}{\sqrt{3}}H$ ② $\dfrac{5\sqrt{3}}{2}H$ ③ $\dfrac{5}{8}H$

④ $\dfrac{8}{9}H$ ⑤ $\dfrac{9}{8}H$ ⑥ $\dfrac{8}{5}H$

D 次の図のように，軽いひもの先端につけた質量 $2m$ の小球 A を天井の点 O からぶら下げたときの小球 A の位置を点 P とし，ひもがゆるまないように小球 A を点 P から高さ h の位置にある点 Q に移動させた。その後，点 P に質量 m の物体 B を置き，小球 A から手をはなし，物体 B に弾性衝突させた。衝突の後，小球 A の達した最高点は点 P の位置から高さ H であった。ただし，衝突は正面衝突とする。

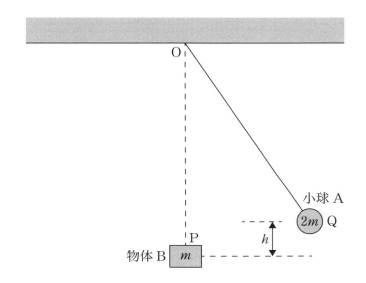

問 4 H はどのように表されるか。正しいものを，次の①〜⑥の中から一つ選びなさい。
4

① h ② $\dfrac{h}{2}$ ③ $\dfrac{h}{3}$

④ $\dfrac{h}{4}$ ⑤ $\dfrac{h}{9}$ ⑥ $\dfrac{2h}{5}$

E 次の図のように，半径 l の水平な円板があり，この円板は中心 O を通る鉛直軸のまわりをなめらかに回転できる。円板の直径上には質量 m の小物体があり，一端を直径の端に固定された2つのばね1，ばね2の他端につながっている。ばね1，ばね2のばね定数はいずれも k で自然長は l である。また，小物体には下部に滑り止めが付いており，直径方向以外には動かなくなっている。この小物体を距離 r だけばね1が縮む方向に動かして，円板を角速度 ω で時計回りに回転させたところ，円板に乗っている観測者からは，小物体が単振動をするように観測された。滑り止め，円板と小物体との間にはそれぞれ摩擦がないものとする。

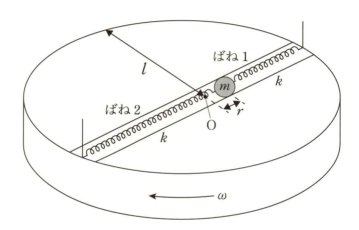

問5 このときの小物体の単振動の周期はどのように表されるか。正しいものを，次の①〜⑥の中から一つ選びなさい。　　5

① $2\pi\sqrt{\dfrac{m}{2k+m\omega^2}}$　　② $2\pi\sqrt{\dfrac{m}{2k-m\omega^2}}$　　③ $2\pi\sqrt{\dfrac{m}{2k+m\omega}}$

④ $2\pi\sqrt{\dfrac{m}{2k-m\omega}}$　　⑤ $2\pi\sqrt{\dfrac{m}{k+m\omega^2}}$　　⑥ $2\pi\sqrt{\dfrac{m}{k-m\omega^2}}$

F 次の図のように，傾き θ のなめらかな斜面をもつ質量 $3m$ の台Ｐが水平な床の上に置かれている。台Ｐと床との間には摩擦がなく，台Ｐは水平方向に動くことができる。台Ｐの斜面上に，質量 m の小球Ｑを静かにのせると同時に，台Ｐに取り付けた糸を水平方向右向きに一定の大きさ F の力で引っ張り始めた。台Ｐと小球Ｑは床に対して移動し，小球Ｑは同じ高さを維持した。

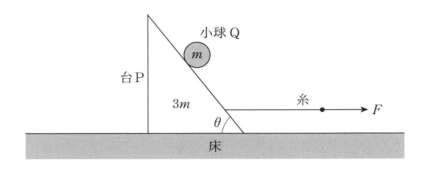

問6 F はどのように表されるか。正しいものを，次の①〜⑥の中から一つ選びなさい。

6

① $4mg\tan\theta$ ② $5mg\tan\theta$ ③ $4mg\sin\theta$
④ $5mg\sin\theta$ ⑤ $4mg\cos\theta$ ⑥ $5mg\cos\theta$

$\boxed{\text{II}}$ 　次の問い A （問 1），B （問 2），C （問 3）に答えなさい。

A 　熱容量 80.0 J/K の容器に，比熱が 1.20 J/(g·K) の液体 500 g を入れてじゅうぶん時間が経過した後，容器全体の温度は 60.0℃であった。この後，比熱のわからない固体 400 g を 200℃に温めてこの容器に入れた。じゅうぶん時間が経過した後，液体の温度を測ったら 94.2℃であった。ただし，液体，容器，比熱のわからない固体からなる系と系の外側との熱の交換はないものとする。

問 1 　この固体の比熱は $\boxed{\ \text{a}\ }$ J/(g·K) であり，容器が得た熱量は $\boxed{\ \text{b}\ }$ J である。

　　　　$\boxed{\ \text{a}\ }$ と $\boxed{\ \text{b}\ }$ にあてはまる値はそれぞれいくらか。最も適当な組み合わせを，次の①〜⑥の中から一つ選びなさい。　　　　　　　　　　　　　　　　　$\boxed{7}$

	a	b
①	0.51	2.7×10^{2}
②	0.53	2.7×10^{3}
③	0.55	2.7×10^{2}
④	0.51	2.7×10^{3}
⑤	0.53	2.7×10^{2}
⑥	0.55	2.7×10^{3}

176

B 次の図のように，断熱材でつくられた 2 つの容器 A，B が，栓のついた細管で結ばれている。A，B の容積はそれぞれ $2V_0$，V_0 である。はじめ栓は閉じられ，容器 A には圧力 p_0，絶対温度 T_0 の単原子分子理想気体，容器 B には圧力 $3p_0$，絶対温度 $\frac{9}{10}T_0$ の単原子分子理想気体がそれぞれ入っている。栓を開くと，容器内の気体が十分に混合され，全体が一様な状態に達した。ただし，細管の容積は無視できるものとする。

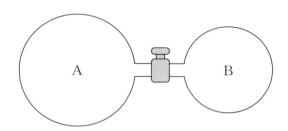

問 2 全体が一様な状態に達したときの容器内の圧力と絶対温度はそれぞれどのように表されるか。正しい組み合わせを，次の①〜⑥の中から一つ選びなさい。 **8**

	圧力	絶対温度
①	$\frac{4}{3}p_0$	$\frac{14}{15}T_0$
②	$\frac{4}{3}p_0$	$\frac{15}{16}T_0$
③	$\frac{4}{3}p_0$	$\frac{17}{18}T_0$
④	$\frac{5}{3}p_0$	$\frac{14}{15}T_0$
⑤	$\frac{5}{3}p_0$	$\frac{15}{16}T_0$
⑥	$\frac{5}{3}p_0$	$\frac{17}{18}T_0$

C　27℃の He ガス（原子量 4）と 227℃の Ne ガス（原子量 20）がある。ただし，He ガス，Ne ガスはいずれも単原子分子理想気体とみなす。

問3　Ne 原子の 2 乗平均速度 $\left(\sqrt{\overline{v^2}}\right)$ は He 原子の 2 乗平均速度の何倍か。最も適当な値を，次の①〜⑦の中から一つ選びなさい。　　　**9** 倍

① $\sqrt{\dfrac{4}{15}}$　　② $\sqrt{\dfrac{1}{3}}$　　③ $\sqrt{\dfrac{2}{5}}$　　④ 1

⑤ $\sqrt{\dfrac{5}{2}}$　　⑥ $\sqrt{3}$　　⑦ $\sqrt{\dfrac{15}{4}}$

III 次の問い A (問1), B (問2), C (問3) に答えなさい。

A 次の図は，同じ水面の2か所に波面発生装置を置き，波を発生させて，そのようすを確かめる実験の概念図である。波源Aと波源Bに，互いに逆位相で同じ振動数の波を発生させると，二つの波源を結んだ線分の垂直二等分線上の点Pで二つの波の重なりを観測した。

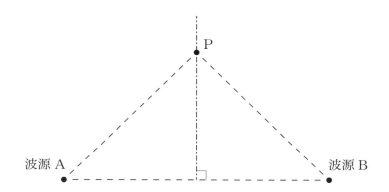

問1 図中の点Pでの水位の時間変化を表すグラフはどれか。最も適当なものを，次の①〜④の中から一つ選びなさい。ただし，破線は変動のないときの水位を示している。

10

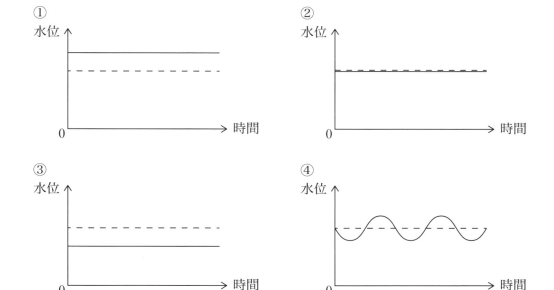

B　次の図のような，弦 1，弦 2 と，これらの振動と共鳴させるための管を 3 本用意した。弦 1 と弦 2 の長さは等しく 1.50 m であり，弦 1 の基本振動数は 36.0 Hz，弦 2 の基本振動数は 48.0 Hz である。管 A と管 B は開管であり，管 A は管 B より長く，管 C は閉管である。これらの管で次のような(a)〜(c)の共鳴が観測された。ただし，音速を 348 m/s とし，開口端補正は無視でき，いずれの管も弦の長さよりも短いものとする。

(a)　ある一つの管は，弦 1 の 9 倍振動と 15 倍振動の両方で共鳴した。

(b)　別の一つの管は，弦 1 の 8 倍振動と 12 倍振動の両方で共鳴した。

(c)　残りの一つの管は，弦 1 の 10 倍振動と弦 2 の 10 倍振動で共鳴した。

問 2　管 C による共鳴は(a)〜(c)のどれか。また，管 C の長さは何 m か。最も適当な組み合わせを，次の①〜⑥の中から一つ選びなさい。　**11**

	共鳴	管 C の長さ［m］
①	(a)	0.806
②	(a)	1.21
③	(b)	0.806
④	(b)	1.21
⑤	(c)	0.806
⑥	(c)	1.21

C　次の図は，ヤングの二重スリットによる干渉実験を表した概念図である。スクリーン上には，図のように x 軸がとってある。S_1 と S_2 は十分に細いスリットで，この左方から波面のそろった単色光の平面波をあてている。その結果，x 軸上でとなり合う明線の間隔が Δx の明暗の縞模様が観測された。図中の l はスリットの間隔，L はスリットとスクリーン間の距離を示している。

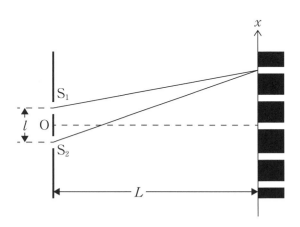

問3　この装置全体を屈折率 1.5 の液体中に沈めたとき，となり合う明線の間隔はどのように表されるか。最も適当なものを，次の①〜④の中から一つ選びなさい。　12

①　$0.67\Delta x$　　②　$1.5\Delta x$　　③　$\sqrt{0.67\Delta x}$　　④　$\sqrt{1.5\Delta x}$

Ⅳ 次の問い **A**（**問1**），**B**（**問2**），**C**（**問3**），**D**（**問4**），**E**（**問5**），**F**（**問6**）に答えなさい。

A 次の図のように，電気量の等しい2つの点電荷 Q_A と Q_B を距離 l を隔てて固定した。Q_A と Q_B の中点をOとし，Q_A と Q_B を結ぶ線分に垂直で，点Oを通る平面 α 上の点のOからの距離を x とする。

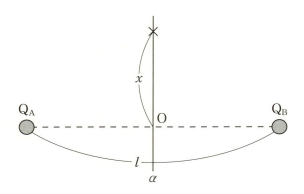

問1 α 上の電場の強度分布として最も適当なグラフを，次の①〜④の中から一つ選びなさい。　13

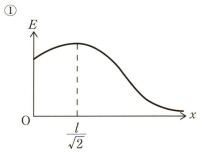
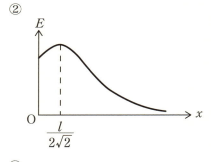
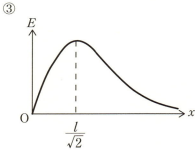
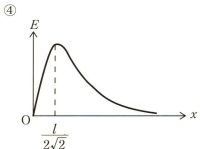

B 次の図のように，電圧 V の電池 E_1 と E_2，電気容量 $2C$ のコンデンサー C_1 と電気容量 C のコンデンサー C_2，およびスイッチ S_1 と S_2 を接続した。はじめ，スイッチは開いた状態で，コンデンサーは電荷を蓄えていない。次の操作を(a) → (b) → (c)の順で行った。

(a) スイッチ S_1 を a_1，スイッチ S_2 を a_2 に順に接続する。

(b) スイッチ S_1 と S_2 をともに開く。

(c) スイッチ S_1 を b_1，スイッチ S_2 を b_2 に順に接続する。

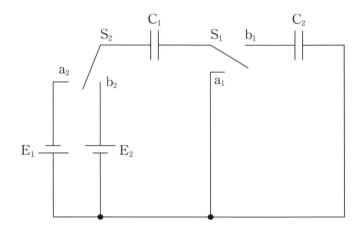

問 2 すべての操作を行った後の C_2 の左側の極板に蓄えられている電荷はどのように表されるか。正しいものを，次の①〜⑥の中から一つ選びなさい。 $\boxed{14}$

① $\dfrac{1}{2}CV$ ② $\dfrac{2}{3}CV$ ③ CV

④ $\dfrac{4}{3}CV$ ⑤ $\dfrac{3}{2}CV$ ⑥ $\dfrac{5}{3}CV$

C 次の図は，起電力が E で内部抵抗が r の電池に，抵抗値を R とする可変抵抗を接続した回路である。

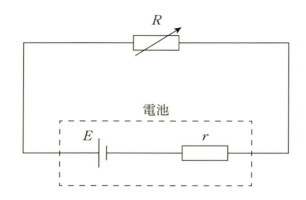

問3 可変抵抗の抵抗値を変えたとき，可変抵抗の消費電力が最大になる抵抗値 R_0 はどのように表されるか。また，そのときに回路に流れる電流 I_0 はどのように表されるか。正しい組み合わせを，次の①〜⑥の中から一つ選びなさい。 15

	R_0	I_0
①	$\dfrac{r}{2}$	$\dfrac{E}{2r}$
②	$\dfrac{r}{2}$	$\dfrac{E}{r}$
③	r	$\dfrac{E}{2r}$
④	r	$\dfrac{E}{r}$
⑤	$2r$	$\dfrac{E}{2r}$
⑥	$2r$	$\dfrac{E}{r}$

D 次の図のように，抵抗値 R の抵抗 2 個，抵抗値 $2R$ の抵抗 3 個，内部抵抗が無視できる起電力 E の電池，内部抵抗が無視できる電流計を接続して回路をつくった。

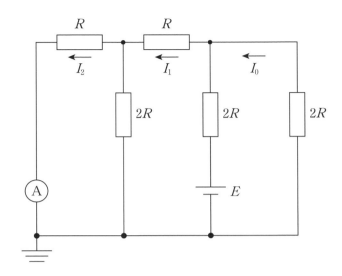

問 4 電流計を流れる電流の大きさ（I_2 の大きさ）はどのように表されるか。正しいものを，次の①～⑥の中から一つ選びなさい。　|16|

① $\dfrac{E}{32R}$　　　② $\dfrac{E}{16R}$　　　③ $\dfrac{3E}{32R}$

④ $\dfrac{E}{8R}$　　　⑤ $\dfrac{5E}{32R}$　　　⑥ $\dfrac{3E}{16R}$

E 次の図のような直方体の金属に電流 I を流し,それに垂直に磁束密度 B の一様な磁場を加えたところ,直方体の奥側の面 P と手前側の面 Q の間に電圧 V が発生した。金属内部の自由電子の速さを v,電気量を $-e$,金属中の単位体積あたりの自由電子の個数を n とする。

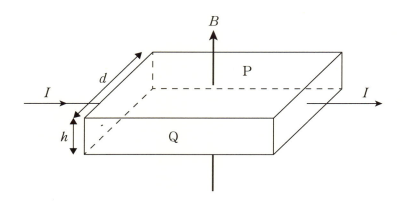

問5 PQ 間に発生する電圧 V はどのように表されるか。正しいものを,次の①〜④の中から一つ選びなさい。 **17**

① $\dfrac{BI}{nh}$ ② $\dfrac{eBI}{nh}$ ③ $\dfrac{BI}{enh}$ ④ $\dfrac{enBI}{h}$

F 電気容量が 20 μF のコンデンサー C と，自己インダクタンス 5.0×10^{-2} H のコイル L および，起電力 12 V の電池 E を次の図のように接続してから，スイッチ S を端子 a につなぎじゅうぶん時間が経過した後，端子 b につなぎかえたところ，回路に振動電流が流れ始めた。電池の内部抵抗 r の抵抗値は 1.0 Ω である。

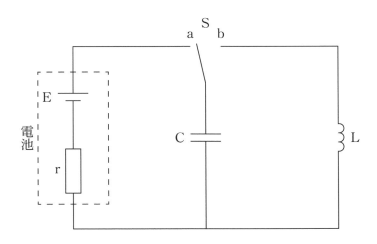

問 6 振動電流の周波数は何 Hz か。最も適当な値を，次の①～④の中から一つ選びなさい。

　　　　　　　　　　　　　　　　　　　　　　　　　　　　　　　　　　　 18 Hz

① 1.0×10^3　　② 3.2×10^2　　③ 1.6×10^2　　④ 3.1×10

V 次の問い A（問1）に答えなさい。

A 電気素量 e の値を測定するミリカンの油滴実験を行う。次の図のように，油滴は上部の霧吹きでつくられる。小さな穴をもった間隔 l の平行な極板間には，電位差を与えて一様な電場をつくることができるようになっている。また，油滴の電荷は，窓から X 線を照射することによって変えられる。電位差がある場合とない場合について，それぞれ等速度運動をする油滴の速さを測定し，油滴の電荷を求める。極板間に電位差がないとき，油滴は極板間を一定の速さ v_g で落下した。次に，電極間に電位差 V を与えたところ，この油滴は減速しやがて静止した。油の密度を d，空気の密度を d_0，重力加速度の大きさを g とする。また，油滴は半径 a の球とし，この油滴が空気中を速さ v で運動するとき，抵抗力 kav（k は比例定数）を受けるものとする。

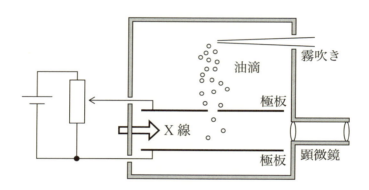

問1 油滴の半径 a，油滴が持つ電気量 q はそれぞれどのように表されるか。正しい組み合わせを，次の①〜④の中から一つ選びなさい。 19

	a	q
①	$\sqrt{\dfrac{3kv_g}{4\pi(d-d_0)g}}$	$\dfrac{klv_g}{V}\sqrt{\dfrac{3kv_g}{4\pi(d-d_0)g}}$
②	$\sqrt{\dfrac{3kv_g}{2\pi(d-d_0)g}}$	$\dfrac{klv_g}{V}\sqrt{\dfrac{3kv_g}{2\pi(d-d_0)g}}$
③	$\sqrt{\dfrac{3kv_g}{4\pi(d-d_0)g}}$	$\dfrac{kl^2v_g}{V}$
④	$\sqrt{\dfrac{3kv_g}{2\pi(d-d_0)g}}$	$\dfrac{kl^2v_g}{V}$

第⑩回 模擬試験

解答時間：40分

10

Ⅰ 次の問いA（問1），B（問2），C（問3），D（問4），E（問5），F（問6）に答えなさい。ただし，重力加速度の大きさをgとし，空気の抵抗は無視できるものとする。

A 次の図のように，質量mの台に質量Mの人が乗っている。人は，軽くてなめらかに回転する滑車を通してつながれた，軽くて伸び縮みしないロープを引いて，台を引き上げることができる。台は体重計を兼ねていて，人が台を押す力の大きさを重力加速度の大きさgで割った値を示すものとする。人がロープを軽く引いたら，体重計の読みがMからM'に減少したが，台は床から離れなかった。

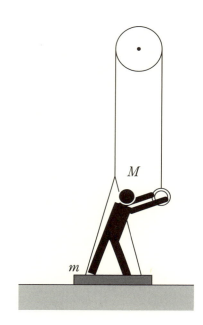

問1 このとき，床が台を押している力の大きさはどのように表されるか。正しいものを，次の①〜⑥の中から一つ選びなさい。　　　1

① $(m+M-M')g$　　② $(m-M+M')g$　　③ $(m+M-2M')g$

④ $(m-M+2M')g$　　⑤ $(m+2M-M')g$　　⑥ $(m-2M+M')g$

B なめらかで，水平な床の上に角棒 A が置いてあり，その上面に右端をそろえて角棒 B がのっている。角棒 A，B の質量はそれぞれ $2m$，m で，長さは $2L$，L である。角棒 A の左端を P，右端を Q とし，右端 Q には軽い糸がつながれている。2 つの角棒はともに密度が一様で十分に細い。次の図のように，糸を鉛直方向にゆっくりと引き上げて角棒 A を傾け，床との角度が α の傾きで静止させた。角棒 B は角棒 A の上で静止したままであった。このとき，角棒 A が棒の左端 P で床から受ける垂直抗力の大きさを N，糸の張力の大きさを T とする。

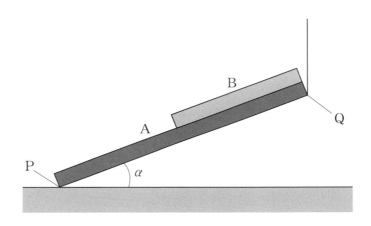

問 2 $\dfrac{N}{T}$ はいくらか。正しい値を，次の①～⑥の中から一つ選びなさい。　2

① $\dfrac{4}{7}$　　　② $\dfrac{5}{7}$　　　③ $\dfrac{4}{5}$

④ $\dfrac{7}{5}$　　　⑤ $\dfrac{5}{4}$　　　⑥ $\dfrac{7}{4}$

C 次の図のように，長さ R の伸び縮みしない軽い糸の一端を点 O に固定し，他端に質量 m の物体を取り付け，糸がたるまないように点 O を中心に鉛直面内で円運動させた。物体が最高点に達したときの糸の張力は T_a，物体が最下点に達したときの糸の張力は T_b であった。

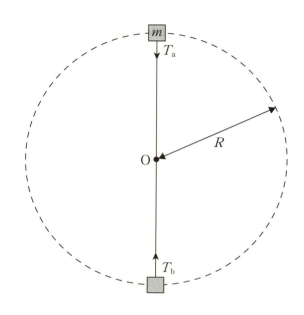

問 3 m はどのように表されるか。正しいものを，次の①～④の中から一つ選びなさい。

① $\dfrac{T_b - T_a}{2g}$ ② $\dfrac{T_b - T_a}{4g}$ ③ $\dfrac{T_b - T_a}{6g}$ ④ $\dfrac{T_b - T_a}{g}$

D 次の図のように，曲面となめらかにつながった水平な床がある。水平より高さ h の曲面上に質量 m の小球 A が固定されており，床の上には質量 $4m$ の小球 B が置かれている。固定を外したところ，A は曲面上を滑り下り，床に達して B と非弾性衝突した。衝突のはね返り係数を $\dfrac{1}{2}$ とし，曲面および床と小球との間に摩擦はないものとする。

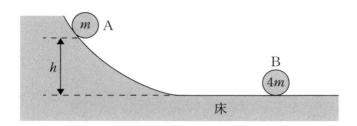

問 4 衝突後の A と B の力学的エネルギーの総和は衝突前の A と B の力学的エネルギーの総和の何倍か。正しい値を，次の①〜⑤の中から一つ選びなさい。　**4** 倍

① $\dfrac{1}{10}$　　② $\dfrac{1}{5}$　　③ $\dfrac{3}{10}$　　④ $\dfrac{2}{5}$　　⑤ $\dfrac{3}{5}$

E　次の図のように，厚みが一定で一様な材質でできた直径 $2r$ の円板から，直径 r の円板をくり抜いてつくった物体がある。

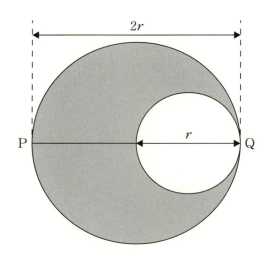

問 5　この物体の重心の位置を図の P 端からはかったときの長さはどのように表されるか。正しいものを，次の①〜④の中から一つ選びなさい。　5

① $\dfrac{r}{6}$　　　② $\dfrac{r}{3}$　　　③ $\dfrac{5}{6}r$　　　④ $\dfrac{5}{3}r$

F 次の図のように，地球の周りを周回する人工衛星がある。ただし，地球の質量を M，地球の中心から近地点 P までの距離を R，地球の中心から遠地点 Q までの距離を $4R$，万有引力定数を G とする。

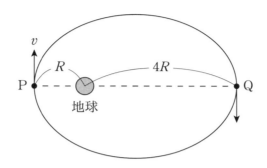

問 6 近地点 P での人工衛星の速さ v はどのように表されるか。正しいものを，次の①〜④の中から一つ選びなさい。 6

① $2\sqrt{\dfrac{5GM}{3R}}$ ② $2\sqrt{\dfrac{2GM}{5R}}$ ③ $5\sqrt{\dfrac{GM}{3R}}$ ④ $5\sqrt{\dfrac{GM}{7R}}$

$\boxed{\text{II}}$ 次の問い A（**問1**），B（**問2**），C（**問3**）に答えなさい。

A　質量が 500 g の物体 A に熱量 4.5×10^3 J を加えたところ，温度が 20℃から 50℃に上昇した。この状態を保ちながら，この物体 A を二分割して，そのうちのひとつを物体 B とした。この物体 B の質量は 200 g である。

問1　この物体 B の温度を，50℃から 60℃まで上昇させるのに必要な熱量は何 J か。最も適当な値を，次の①～⑥の中から一つ選びなさい。　$\boxed{7}$ J

① 2.5×10^2　　　② 6.0×10^2　　　③ 7.5×10^2

④ 1.0×10^3　　　⑤ 4.0×10^3　　　⑥ 6.0×10^3

B 次の図のように，同容積の 2 個の容器 A，B が，容積の無視できるチューブでつながっている。初期状態では，容器全体が物質量 m [mol] の理想気体で満たされており，温度が 77℃ に保たれていた。その後，容器 A の温度を 27℃ に下げ，容器 B の温度を 127℃ に上げた。ただし，容器間で熱伝導はないものとする。

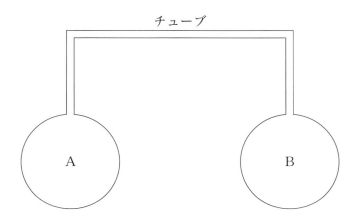

問 2 じゅうぶんに時間が経過した後，容器 A に存在している気体の物質量はどのように表されるか。最も適当なものを，次の①〜④の中から一つ選びなさい。　**8**

① m　　② $\dfrac{3}{4}m$　　③ $\dfrac{3}{7}m$　　④ $\dfrac{4}{7}m$

C 次の図は，理想気体の状態変化（A → B → C → D → A）を示した V–T グラフである。状態 A での圧力は P_0，温度は T_0，体積は V_0 である。

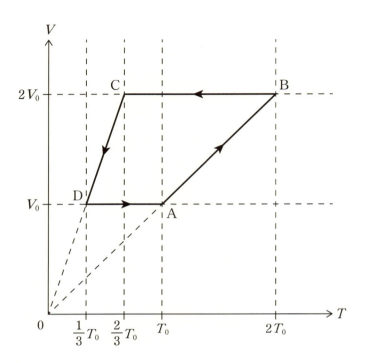

問3 「気体が外にした仕事（膨張）」－「気体が外からされた仕事（収縮）」の値を，気体が外にした正味の仕事と呼ぶことにするとき，はじめの状態に戻るまでに気体が外にした正味の仕事はどのように表されるか。正しいものを，次の①～④の中から一つ選びなさい。 9

① $\dfrac{P_0 V_0}{2}$ ② $\dfrac{P_0 V_0}{3}$ ③ $\dfrac{2 P_0 V_0}{3}$ ④ $P_0 V_0$

Ⅲ 次の問い A（問1），B（問2），C（問3）に答えなさい。

A 次の図は，大気中を x 軸上を正の向きに進む音波の変位を横波として描いたものである。ただし，進行方向への変位を，y 軸の正の向きの変位としている。

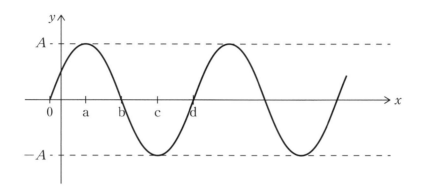

問1 空気の密度が最も大きいところの位置は P で，単位時間当たりの変位が負の向きに最も大きくなっている位置は Q である。P，Q にあてはまる記号として，正しい組み合わせを，次の①～⑧から選びなさい。 10

	P	Q
①	b	a
②	b	b
③	b	c
④	b	d
⑤	d	a
⑥	d	b
⑦	d	c
⑧	d	d

B 次の図中の(a)のように，静止時に振動数 f の音を連続して出す模型飛行機が，点 C を中心として半径 l の等速円運動をしている。模型飛行機は上空から見て，反時計回りに速さ v で運動している。観測者は，点 C から $2l$ だけ離れた位置で，模型飛行機から発せられる音の振動数を測定する。図中の(b)のように，模型飛行機の運動面は観測者の頭と同じ高さの水平面内にあるとする。観測者が測定する音の振動数は連続的に変化したが，最も大きい振動数が 612 Hz，最も小さい振動数が 544 Hz であった。音速を V とし，風はないものとする。

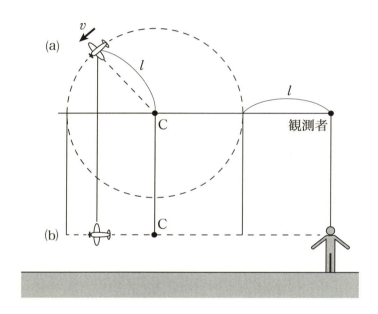

問 2 $\dfrac{v}{V}$ はいくらか。最も適当な値を，次の①〜⑥の中から一つ選びなさい。 | 11 |

① $\dfrac{1}{15}$　　　　② $\dfrac{1}{16}$　　　　③ $\dfrac{1}{17}$

④ $\dfrac{1}{18}$　　　　⑤ $\dfrac{1}{19}$　　　　⑥ $\dfrac{1}{20}$

C 次の図のように，屈折率 n（$n>1$）の透明な材質でつくられた，まっすぐで細い円柱状の光ファイバーがある。光ファイバーの端の面 A は中心軸に垂直である。この光ファイバーを空気中（屈折率 1）に置き，面 A の中心 O を通って入射角 θ で単色光を入射させた。面 A の境界で屈折した光は，次に光ファイバーの壁面に入射角 ϕ で入射し，一部は屈折して光ファイバーの外に失われるが，残りは角 ϕ で反射され，以後，屈折と反射を繰り返す。壁面での入射角 ϕ が臨界角 ϕ_0 より大きくなると全反射がおこり，光は光ファイバーの外に失われることがなくなる。

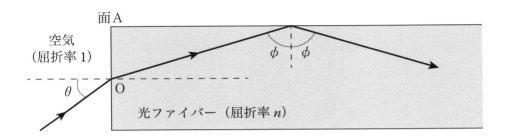

問 3 $\phi = \phi_0$ となるときの θ を θ_0 とするとき，$\sin\theta_0$ はどのように表されるか。正しいものを，次の①〜⑥の中から一つ選びなさい。 |12|

① $n-1$ ② n^2-1 ③ $\sqrt{n-1}$

④ $\sqrt{n^2-1}$ ⑤ $\sqrt{1-\dfrac{1}{n}}$ ⑥ $\sqrt{1-\dfrac{1}{n^2}}$

IV 次の問い A (問1), B (問2), C (問3), D (問4), E (問5), F (問6) に答えなさい。

A 次の図のように, x 軸の原点 O に $+Q$ の点電荷が固定されている。この x 軸上の座標 x_0 に $-e$ $(e>0)$ の点電荷を置いた。クーロンの法則の比例定数を k とする。

問1 $-e$ の点電荷を座標 x_0 から $4x_0$ まで運ぶために必要な仕事はどのように表されるか。正しいものを, 次の①〜④の中から一つ選びなさい。 **13**

① $-\dfrac{kQe}{4x_0}$ ② $-\dfrac{3kQe}{4x_0}$ ③ $\dfrac{kQe}{4x_0}$ ④ $\dfrac{3kQe}{4x_0}$

B 金属板 6 枚を図 1 のように間隔 d で並べ，導線で連結して平行板コンデンサーをつくった。間隔 d は金属板の大きさと比べて十分に小さく，金属板間の電場は一様であるとする。図 1 の端子 A，B に電源の両極をつなぎ，電位差 V を与えた。その後，端子 A，B を電源から切りはなし，図 2 のように端子 B に接続された極板をそれぞれ $\dfrac{d}{2}$ だけ下に移動させた。

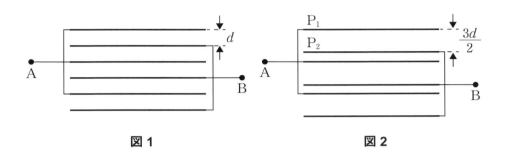

図 1　　　　　　　　　図 2

問 2　図 2 の極板 P_1，P_2 間の電場の強さはどのように表されるか。正しいものを，次の ①～⑥ の中から一つ選びなさい。　**14**

① $\dfrac{4V}{9d}$　　　② $\dfrac{V}{2d}$　　　③ $\dfrac{5V}{9d}$

④ $\dfrac{2V}{3d}$　　　⑤ $\dfrac{8V}{9d}$　　　⑥ $\dfrac{V}{d}$

C 交流電圧 $V = V_0 \sin 2\pi ft$（V_0：振幅，f：振動数，t：時刻）を生じる電源に抵抗を接続したところ，抵抗が発熱した。

問3 抵抗で発生する1秒あたりの発熱量の時間変化を示すグラフはどれか。最も適当なものを，次の①〜④の中から一つ選びなさい。ただし，縦軸は1秒あたりの発熱量 Q，横軸は測定をはじめてからの時間 t である。 15

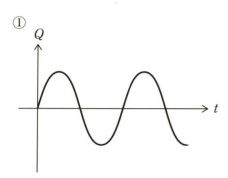
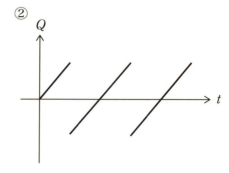
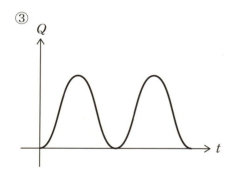
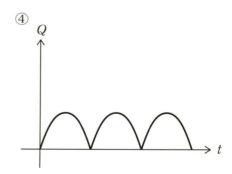

D 次の図のように，抵抗値が R, $3R$, $6R$ である抵抗 3 個と，起電力が $5V$, $3V$ である内部抵抗が無視できる 2 個の電池を接続して回路をつくった。このとき，抵抗値 $3R$ の抵抗を流れる電流を I とし，紙面上から下の向きを I の正の向きとする。

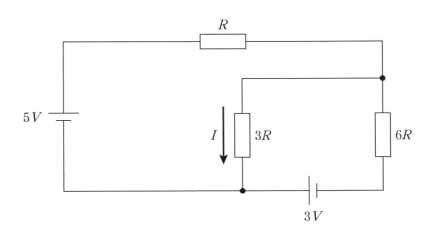

問 4 I はどのように表されるか。正しいものを，次の①〜⑥の中から一つ選びなさい。

[16]

① $\dfrac{2V}{3R}$ ② $\dfrac{8V}{9R}$ ③ $\dfrac{V}{R}$

④ $\dfrac{10V}{9R}$ ⑤ $\dfrac{11V}{9R}$ ⑥ $\dfrac{4V}{3R}$

E　天井から薄くて軽い銅板をつるして，2つの実験を行った。図1は実験1を表したもので，銅板に向かって棒磁石のN極を素早く近づけた。図2は実験2を表したもので，銅板に棒磁石のS極を近づけて静止させておいてから素早く遠ざけた。

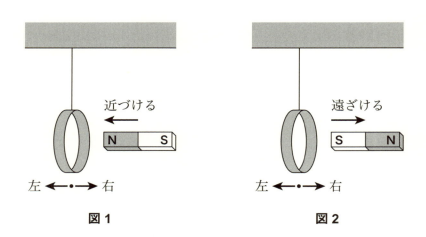

図1　　　　　　　　図2

問5　実験1と実験2で，銅板はそれぞれ右と左のどちらに動くか。正しい組み合わせを，次の①～④の中から一つ選びなさい。　17

	実験1	実験2
①	左	左
②	左	右
③	右	左
④	右	右

F 次の図のように，鉛直下向きで一様な磁束密度 B の磁場中に半円形の2個の中空電極を狭い隙間を空けて水平に向かい合わせたサイクロトロンを設置し，電極に高周波電源 E を接続する。電極の中心付近に質量 m，電気量 q の正イオンを磁場に垂直に入射させる。正イオンは，中空電極内では磁場による力を受けて円運動を行う。電極間の電場の向きをイオンが半周するごとに反転するように電源 E の周波数 f を調整し，イオンが電極間で電位差 V により加速されるようにする。電極間の磁場の影響や，イオンの加速時間は無視できる。イオンは N 回電場で加速されて，中心から R の位置にある取り出し口 P から飛び出した。入射時のイオンの運動エネルギーは半周ごとに得られるエネルギーと比べて無視できるほど小さく，イオンの速さは光速に比べて十分に小さいものとする。

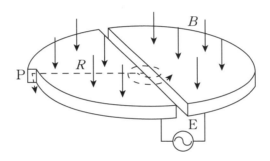

問6 f の最小値および N はどのように表されるか。正しい組み合わせを，次の①～⑥の中から一つ選びなさい。 18

	f の最小値	N
①	$\dfrac{qB}{\pi m}$	$\dfrac{2qB^2R^2}{mV}$
②	$\dfrac{qB}{\pi m}$	$\dfrac{qB^2R^2}{mV}$
③	$\dfrac{qB}{\pi m}$	$\dfrac{qB^2R^2}{2mV}$
④	$\dfrac{qB}{2\pi m}$	$\dfrac{2qB^2R^2}{mV}$
⑤	$\dfrac{qB}{2\pi m}$	$\dfrac{qB^2R^2}{mV}$
⑥	$\dfrac{qB}{2\pi m}$	$\dfrac{qB^2R^2}{2mV}$

V 次の問い **A（問 1）** に答えなさい。

A 半減期が 1 日の放射性原子核が 1.0×10^{10} 個ある。

問 1 この原子核の個数は時間とともにどのように変化するか。最も適当なグラフを，次の①〜⑤の中から一つ選びなさい。 19

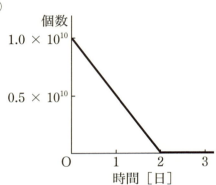

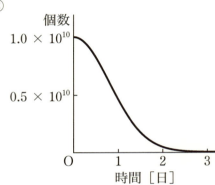

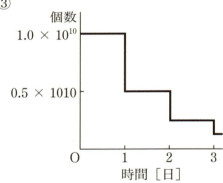

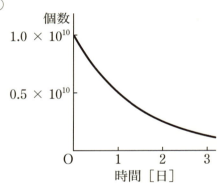

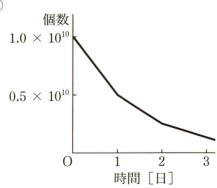

解　答

第❶回　　正解・解答記入表

★ 難易度は3段階で示しており，星が多いほど難しい問題であることを表している。

★ 分野は，行知学園物理教研組が，分析に基づき独自に定めたものである。

問		解答番号	解答記入欄	正解	明示単元	分野	難易度
I	問1	1		⑤	運動の表し方，運動の法則	力学	★★★
	問2	2		⑤	剛体にはたらく力のつり合い		★★
	問3	3		③	運動の法則，摩擦や空気の抵抗を受ける運動		★★
	問4	4		④	衝突		★★
	問5	5		③	等速円運動，慣性力		★★★
	問6	6		⑥	慣性力		★
II	問1	7		②	熱と温度	熱力学	★
	問2	8		④	理想気体の状態方程式		★★
	問3	9		③	気体の状態変化		★★
III	問1	10		③	重ね合わせの原理とホイヘンスの原理	波動	★
	問2	11		②	ドップラー効果		★★★
	問3	12		⑤	光の回折と干渉		★★★
IV	問1	13		③	静電気力	電磁気	★★
	問2	14		⑤	コンデンサー		★★
	問3	15		③	直流回路		★★★
	問4	16		⑤	電流がつくる磁場		★★
	問5	17		④	電流が磁場から受ける力，ローレンツ力		★★★
	問6	18		④	電磁誘導の法則		★
V	問1	19		②	原子核	原子	★★

第❷回　　正解・解答記入表

★ 難易度は3段階で示しており，星が多いほど難しい問題であることを表している。

★ 分野は，行知学園物理教研組が，分析に基づき独自に定めたものである。

問		解答番号	解答記入欄	正解	明示単元	分野	難易度
I	問1	1		③	運動の表し方	力学	★★★
	問2	2		④	剛体にはたらく力のつり合い		★★
	問3	3		③	さまざまな力		★★
	問4	4		⑥	力学的エネルギーの保存，運動量と力積		★★
	問5	5		④	力学的エネルギーの保存，慣性力		★★
	問6	6		①	万有引力		★★★
II	問1	7		②	物質の状態	熱力学	★
	問2	8		②	理想気体の状態方程式		★★
	問3	9		⑥	気体の状態変化		★★
III	問1	10		⑦	波の伝わり方とその表し方	波動	★
	問2	11		⑦	発音体の振動と共振・共鳴		★★
	問3	12		④	光の回折と干渉		★★
IV	問1	13		⑥	電場	電磁気	★★★
	問2	14		②	コンデンサー		★★
	問3	15		⑧	直流回路		★
	問4	16		④	電流がつくる磁場		★★★
	問5	17		⑥	ローレンツ力		★★★
	問6	18		④	電磁誘導の法則		★★
V	問1	19		③	原子核	原子	★★★

解答　211

第3回　正解・解答記入表

★ 難易度は3段階で示しており，星が多いほど難しい問題であることを表している。

★ 分野は，行知学園物理教研組が，分析に基づき独自に定めたものである。

問		解答番号	解答記入欄	正解	明示単元	分野	難易度
I	問1	1		④	運動の表し方	力学	★★★
	問2	2		②	剛体にはたらく力のつり合い		★★
	問3	3		②	摩擦や空気の抵抗を受ける運動		★★
	問4	4		④	運動量と力積		★★
	問5	5		③	位置エネルギー，単振動		★★★
	問6	6		③	万有引力		★
II	問1	7		⑤	熱と温度	熱力学	★★
	問2	8		③	理想気体の状態方程式，気体の状態変化		★★
	問3	9		②	気体の状態変化		★
III	問1	10		②	重ね合わせの原理とホイヘンスの原理	波動	★★★
	問2	11		⑥	ドップラー効果		★★
	問3	12		③	光の伝わり方		★
IV	問1	13		④	電位	電磁気	★★★
	問2	14		⑤	コンデンサー		★★★
	問3	15		⑥	半導体，交流		★★
	問4	16		⑦	電流がつくる磁場		★★
	問5	17		④	ローレンツ力		★★
	問6	18		①	自己誘導，相互誘導		★★
V	問1	19		④	粒子性と波動性	原子	★★

第❹回　正解・解答記入表

★ 難易度は3段階で示しており，星が多いほど難しい問題であることを表している。
★ 分野は，行知学園物理教研組が，分析に基づき独自に定めたものである。

問		解答番号	解答記入欄	正解	明示単元	分野	難易度
I	問1	1		⑥	運動の表し方	力学	★★
	問2	2		③	剛体にはたらく力のつり合い		★★★
	問3	3		⑥	運動の表し方，運動の法則		★★
	問4	4		②	運動量と力積		★★
	問5	5		⑥	単振動		★★★
	問6	6		③	慣性力		★★
II	問1	7		②	物質の状態	熱力学	★
	問2	8		②	気体分子の運動		★★★
	問3	9		⑤	気体の状態変化		★★
III	問1	10		⑥	重ね合わせの原理とホイヘンスの原理	波動	★
	問2	11		⑤	発音体の振動と共振・共鳴		★★
	問3	12		⑤	光の伝わり方		★★
IV	問1	13		⑤	電場	電磁気	★★
	問2	14		②	コンデンサー		★★
	問3	15		①	直流回路		★★★
	問4	16		⑤	電流がつくる磁場		★
	問5	17		①	電磁誘導の法則		★★
	問6	18		⑤	交流回路		★★★
V	問1	19		②	原子の構造	原子	★★

解答　213

第5回　正解・解答記入表

★ 難易度は3段階で示しており，星が多いほど難しい問題であることを表している。

★ 分野は，行知学園物理教研組が，分析に基づき独自に定めたものである。

問		解答番号	解答記入欄	正解	明示単元	分野	難易度
I	問1	1		⑥	運動の法則	力学	★★
	問2	2		②	剛体にはたらく力のつり合い		★★
	問3	3		③	摩擦や空気の抵抗を受ける運動		★★★
	問4	4		②	衝突		★★★
	問5	5		④	等速円運動		★★
	問6	6		④	万有引力		★
II	問1	7		④	物質の状態	熱力学	★★
	問2	8		⑦	気体分子の運動		★★
	問3	9		⑦	熱と仕事		★★
III	問1	10		③	重ね合わせの原理とホイヘンスの原理	波動	★★
	問2	11		⑦	発音体の振動と共振・共鳴		★★★
	問3	12		③	光の回折と干渉		★★★
IV	問1	13		④	電場	電磁気	★
	問2	14		⑤	コンデンサー，直流回路		★★
	問3	15		⑤	直流回路		★★
	問4	16		⑤	電流が磁場から受ける力		★
	問5	17		④	自己誘導，相互誘導		★★
	問6	18		③	交流回路		★★
V	問1	19		⑥	粒子性と波動性	原子	★★

第❻回　正解・解答記入表

★ 難易度は3段階で示しており，星が多いほど難しい問題であることを表している。
★ 分野は，行知学園物理教研組が，分析に基づき独自に定めたものである。

問		解答番号	解答記入欄	正解	明示単元	分野	難易度
I	問1	1		④	さまざまな力	力学	★
	問2	2		⑥	剛体にはたらく力のつり合い		★★★
	問3	3		⑥	力学的エネルギーの保存，慣性力		★★
	問4	4		③	衝突		★★
	問5	5		②	摩擦や空気の抵抗を受ける運動		★★
	問6	6		③	万有引力		★★
II	問1	7		⑥	物質の状態	熱力学	★
	問2	8		③	理想気体の状態方程式		★★
	問3	9		③	気体の状態変化		★★
III	問1	10		①	重ね合わせの原理とホイヘンスの原理	波動	★
	問2	11		②	重ね合わせの原理とホイヘンスの原理		★★
	問3	12		⑦	光の回折と干渉		★★
IV	問1	13		⑥	電位	電磁気	★★
	問2	14		③	コンデンサー		★★
	問3	15		④	電流		★★
	問4	16		②	直流回路		★★★
	問5	17		③	電磁誘導の法則		★★
	問6	18		⑤	ローレンツ力		★
V	問1	19		③	原子核	原子	★★

解答　**215**

第7回　正解・解答記入表

★ 難易度は3段階で示しており，星が多いほど難しい問題であることを表している。
★ 分野は，行知学園物理教研組が，分析に基づき独自に定めたものである。

問		解答番号	解答記入欄	正解	明示単元	分野	難易度
I	問1	1		④	運動の法則	力学	★★
	問2	2		③	運動の法則		★★★
	問3	3		③	剛体にはたらく力のつり合い		★★
	問4	4		①	位置エネルギー，慣性力		★★
	問5	5		④	運動量と力積，衝突		★★
	問6	6		④	運動の法則		★★
II	問1	7		⑤	熱と温度	熱力学	★
	問2	8		⑥	気体の状態変化		★★★
	問3	9		⑤	気体の状態変化		★★
III	問1	10		①	波の伝わり方とその表し方	波動	★
	問2	11		②	ドップラー効果		★★★
	問3	12		②	光の回折と干渉		★★
IV	問1	13		②	電場	電磁気	★★
	問2	14		②	直流回路		★
	問3	15		⑤	コンデンサー		★★★
	問4	16		⑧	コンデンサー		★★
	問5	17		③	電磁誘導の法則		★★
	問6	18		②	自己誘導，相互誘導		★★
V	問1	19		②	粒子性と波動性	原子	★★

第⑧回　正解・解答記入表

★ 難易度は３段階で示しており，星が多いほど難しい問題であることを表している。
★ 分野は，行知学園物理教研組が，分析に基づき独自に定めたものである。

問		解答番号	解答記入欄	正解	明示単元	分野	難易度
I	問1	1		③	さまざまな力	力学	★★
	問2	2		③	剛体にはたらく力のつり合い		★★
	問3	3		②	運動量と力積		★★★
	問4	4		③	運動量と力積，衝突		★★
	問5	5		①	等速円運動，慣性力		★
	問6	6		③	単振動		★★
II	問1	7		④	熱と温度	熱力学	★
	問2	8		③	理想気体の状態方程式		★★
	問3	9		③	気体の状態変化		★★★
III	問1	10		②	波の伝わり方とその表し方	波動	★
	問2	11		②	光の回折と干渉		★★
	問3	12		②	光の伝わり方		★★
IV	問1	13		④	静電気力	電磁気	★★
	問2	14		⑤	直流回路		★★★
	問3	15		③	直流回路，コンデンサー		★★
	問4	16		②	直流回路		★★
	問5	17		②	電磁誘導の法則		★★★
	問6	18		③	交流回路		★★
V	問1	19		⑥	原子の構造	原子	★

解答　217

正解・解答記入表

第9回

★ 難易度は３段階で示しており，星が多いほど難しい問題であることを表している。
★ 分野は，行知学園物理教研組が，分析に基づき独自に定めたものである。

問		解答番号	解答記入欄	正解	明示単元	分野	難易度
I	問1	1		②	摩擦や空気の抵抗を受ける運動	力学	★★
	問2	2		③	さまざまな力，剛体にはたらく力のつり合い		★★★
	問3	3		④	運動量と力積，仕事と運動エネルギー，衝突		★★
	問4	4		⑤	力学的エネルギーの保存，運動量と力積，衝突		★★
	問5	5		②	慣性力，単振動		★★
	問6	6		①	運動の法則		★★★
II	問1	7		⑥	熱と温度	熱力学	★
	問2	8		⑤	理想気体の状態方程式		★★
	問3	9		②	気体分子の運動		★★
III	問1	10		②	重ね合わせの原理とホイヘンスの原理	波動	★
	問2	11		①	発音体の振動と共振・共鳴		★★★
	問3	12		①	光の回折と干渉		★★
IV	問1	13		④	電場	電磁気	★★
	問2	14		④	コンデンサー		★★★
	問3	15		③	直流回路		★★★
	問4	16		④	直流回路		★★
	問5	17		③	ローレンツ力		★★
	問6	18		③	交流回路		★★
V	問1	19		①	電子	原子	★

第❿回				正 解 ・ 解 答 記 入 表		

★ 難易度は３段階で示しており，星が多いほど難しい問題であることを表している。

★ 分野は，行知学園物理教研組が，分析に基づき独自に定めたものである。

問		解答番号	解答記入欄	正解	明示単元	分野	難易度
I	問1	1		④	力のつり合い	力学	★★★
	問2	2		②	剛体にはたらく力のつり合い		★★
	問3	3		③	慣性力		★★
	問4	4		④	衝突		★★
	問5	5		③	剛体にはたらく力のつり合い		★★
	問6	6		②	万有引力		★★
II	問1	7		②	熱と温度	熱力学	★
	問2	8		④	理想気体の状態方程式		★★
	問3	9		③	気体の状態変化		★★
III	問1	10		④	波の性質	波動	★
	問2	11		③	ドップラー効果		★★★
	問3	12		④	光の伝わり方		★★
IV	問1	13		④	電位	電磁気	★
	問2	14		⑥	コンデンサー		★★
	問3	15		③	交流		★★
	問4	16		③	直流回路		★★
	問5	17		②	電磁誘導の法則		★★
	問6	18		⑥	ローレンツ力		★★★
V	問1	19		④	原子核	原子	★

解 答　**219**

付　録

物理公式集

物体の運動

☐ **1** 等速直線運動の速度
$$v = \frac{x}{t}$$

☐ **2** 平面運動における相対速度
$$\vec{v}_{AB} = \vec{v}_B - \vec{v}_A$$

☐ **3** 平均の加速度
$$\overline{a} = \frac{\Delta v}{\Delta t}$$

☐ **4** 等加速度直線運動の速度
$$v = v_0 + at$$

☐ **5** 等加速度運動の変位
$$x = v_0 t + \frac{1}{2} a t^2$$

☐ **6** 等加速度運動の速度と変位の関係式
$$v^2 - v_0^2 = 2ax$$

☐ **7** 速度の合成と分解
$$v_x = v \cos\theta, \quad v_y = v \sin\theta, \quad v = \sqrt{v_x^2 + v_y^2}$$

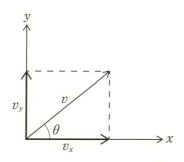

落下運動

☐ **1** 自由落下の速度
$$v = gt$$

☐ **2** 自由落下の変位
$$y = \frac{1}{2}gt^2$$

☐ **3** 自由落下の速度と変位の関係式
$$v^2 = 2gy$$

☐ **4** 鉛直投射の速度
$$v = v_0 - gt$$

☐ **5** 鉛直投射の変位
$$y = v_0 t - \frac{1}{2}gt^2$$

☐ **6** 鉛直投射の最高点と時間
$$h = \frac{v_0{}^2}{2g}, \quad t = \frac{v_0}{g}$$

☐ **7** 水平投射　水平方向の速度と変位
$$v_x = v_0, \quad x = v_0 t$$

☐ **8** 水平投射　鉛直方向の速度と変位
$$v_y = gt, \quad y = \frac{1}{2}gt^2, \quad v_y{}^2 = 2gy$$

☐ **9** 水平投射　軌道の式
$$y = \frac{g}{2v_0{}^2} \cdot x^2$$

☐ **10** 斜方投射　水平方向の速度と変位
$$v_x = v_0 \cos\theta, \quad x = v_0 \cos\theta \cdot t$$

☐ **11** 斜方投射　鉛直方向の速度と変位
$$v_y = v_0 \sin\theta - gt, \quad y = v_0 \sin\theta \cdot t - \frac{1}{2}gt^2, \quad v_y{}^2 - v_0{}^2 \sin^2\theta = -2gy$$

☐ **12** 斜方投射　軌道の式
$$y = \tan\theta \cdot x - \frac{g}{2v_0{}^2 \cos^2\theta} \cdot x^2$$

付　録　**223**

いろいろな力と運動の法則

☐ **1** フックの法則

$$F = kx, \quad k = k_1 + k_2 \text{ (並列)}, \quad \frac{1}{k} = \frac{1}{k_1} + \frac{1}{k_2} \text{ (直列)}$$

☐ **2** 力がつり合う条件

$$F_{1x} + F_{2x} + F_{3x} + \cdots + F_{nx} = 0, \quad F_{1y} + F_{2y} + F_{3y} + \cdots + F_{ny} = 0$$

☐ **3** 圧力

$$p = \frac{F}{S}$$

☐ **4** 水圧

$$p = p_0 + \rho h g$$

☐ **5** 浮力

$$F = \rho V g$$

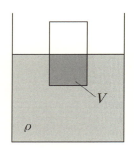

☐ **6** 物体にはたらく重力

$$W = mg$$

☐ **7** 最大静止摩擦力

$$F_0 = \mu N$$

☐ **8** 動摩擦力

$$F' = \mu' N$$

☐ **9** 運動方程式

$$m\vec{a} = \vec{F}$$

224

剛体に働く力

☐ **1** 力のモーメント

$$M = Fl = FL\sin\theta$$

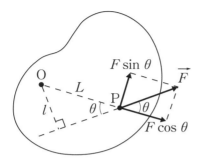

☐ **2** 2物体の重心の位置

$$x_G = \frac{m_1 x_1 + m_2 x_2}{m_1 + m_2}$$

☐ **3** 重心の座標

$$x = \frac{\sum x_i m_i}{\sum m_i} = \frac{x_1 m_1 + x_2 m_2 + x_3 m_3}{m_1 + m_2 + m_3}$$

$$y = \frac{\sum y_i m_i}{\sum m_i} = \frac{y_1 m_1 + y_2 m_2 + y_3 m_3}{m_1 + m_2 + m_3}$$

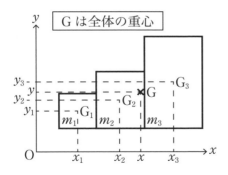

運動とエネルギー

□ **1** 仕事

$$W = Fx$$

□ **2** 力が斜めにはたらく場合の仕事

$$W = Fx\cos\theta$$

□ **3** 仕事率

$$P = \frac{W}{t} = Fv$$

□ **4** 運動エネルギー

$$K = \frac{1}{2}mv^2$$

□ **5** 運動エネルギー変化と仕事の関係

$$\frac{1}{2}mv^2 - \frac{1}{2}mv_0{}^2 = W$$

□ **6** 重力による位置エネルギー

$$U = mgh$$

□ **7** 弾性力による位置エネルギー

$$U = \frac{1}{2}kx^2$$

□ **8** 力学的エネルギー保存則

$$\frac{1}{2}mv_A{}^2 + U_A = \frac{1}{2}mv_B{}^2 + U_B$$

□ **9** 運動量

$$\vec{p} = m\vec{v}$$

□ **10** 力積

$$\vec{I} = \vec{F} \cdot \Delta t$$

□ **11** 運動量の変化と力積

$$mv' - mv = F \cdot \Delta t$$

□ **12** 運動量の変化と力積

$$m\vec{v'} - m\vec{v} = \vec{F} \cdot \Delta t$$

□ **13** 平均の力

$$\overline{F} = \frac{mv' - mv}{\Delta t}$$

□ **14** 運動量保存則

$$m_1 v_1 + m_2 v_2 = m_1 v_1{}' + m_2 v_2{}'$$

□ **15** 運動量保存則

$$m_1 \vec{v_1} + m_2 \vec{v_2} = m_1 \vec{v_1'} + m_2 \vec{v_2'}$$

□ **16** 反発係数（床との衝突）

$$e = \frac{v'}{v} = \sqrt{\frac{h'}{h}}$$

□ **17** 反発係数（2球の衝突）

$$-\frac{v_1{}' - v_2{}'}{v_1 - v_2} = e$$

円運動

□ **1** 円運動の角速度

$$\omega = \frac{\theta}{t}$$

□ **2** 円運動の速度

$$v = r\omega$$

□ **3** 円運動の周期

$$T = \frac{2\pi r}{v} = \frac{2\pi}{\omega}$$

□ **4** 円運動の回転数

$$n = \frac{1}{T}$$

□ **5** 円運動の加速度

$$a = r\omega^2 = \frac{v^2}{r}$$

□ **6** 向心力

$$F = mr\omega^2 = m\frac{v^2}{r}$$

単振動

□ **1** 単振動の変位

$$x = A \sin \omega t$$

□ **2** 単振動の速度

$$v = A\omega \cos \omega t$$

□ **3** 単振動の加速度

$$a = -A\omega^2 \sin \omega t = -\omega^2 x$$

□ **4** 単振動の周期

$$T = \frac{2\pi}{\omega} = 2\pi \sqrt{\frac{m}{K}}$$

□ **5** 単振り子の周期

$$T = 2\pi \sqrt{\frac{l}{g}}$$

□ **6** ばね振り子の周期

$$T = 2\pi \sqrt{\frac{m}{k}}$$

万有引力

☐ **1** ケプラーの第二法則

$$\frac{1}{2}r^2\omega = \frac{1}{2}rv = 一定$$

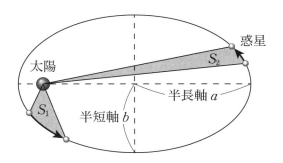

☐ **2** ケプラーの第三法則

$$\frac{T^2}{a^3} = k$$

☐ **3** 万有引力の法則

$$F = G\frac{m_1 m_2}{r^2}$$

☐ **4** 重力加速度と万有引力定数の関係式

$$g = \frac{GM}{R^2}, \quad GM = gR^2$$

☐ **5** 万有引力による位置エネルギー

$$U = -G\frac{Mm}{r}$$

☐ **6** 万有引力による力学的エネルギーの保存

$$\frac{1}{2}mv^2 + \left(-G\frac{Mm}{r}\right) = 一定$$

熱とエネルギー

□ **1** 熱容量

$$C = mc$$

□ **2** 物体の温度を ΔT だけ変化させるための熱量

$$Q = C\Delta T = mc\Delta T$$

気体の法則

□ **1** ボイルの法則

$$pV = 一定$$

□ **2** シャルルの法則

$$\frac{V}{T} = 一定$$

□ **3** ボイル・シャルルの法則

$$\frac{pV}{T} = 一定$$

□ **4** 理想気体の状態方程式

$$pV = nRT$$

□ **5** 単原子分子理想気体の内部エネルギー

$$U = \frac{3}{2}nRT$$

気体の内部エネルギーと状態変化

□ **1** 単原子分子理想気体の内部エネルギーの増加

$$\Delta U = \frac{3}{2} nR\Delta T$$

□ **2** 熱力学第一法則

$$\Delta U = Q + W_{された}$$

□ **3** 気体が外部にした仕事

$$W' = p\Delta V$$

□ **4** 単原子分子理想気体の定積モル比熱

$$C_V = \frac{3}{2} R$$

□ **5** 単原子分子理想気体の定圧モル比熱

$$C_p = \frac{5}{2} R$$

□ **6** 定積モル比熱と定圧モル比熱の関係

$$C_p = C_V + R$$

□ **7** 熱機関の効率

$$e = \frac{W_{した}}{Q_{吸}} = \frac{Q_{吸} - Q_{放}}{Q_{吸}}$$

分子運動

□ **1** 気体の分子運動と圧力

$$p = \frac{Nm\overline{v^2}}{3V}$$

□ **2** 気体分子の平均運動エネルギー

$$\frac{1}{2} m\overline{v^2} = \frac{3R}{2N_0} T = \frac{3}{2} kT$$

□ **3** 気体分子の二乗平均速度

$$\sqrt{\overline{v^2}} = \sqrt{\frac{3R}{mN_0} T} = \sqrt{\frac{3R}{M \times 10^{-3}} T}$$

波の性質

□ **1** 波の基本式
$$y = A\sin\frac{2\pi}{T}\left(t - \frac{x}{v}\right) = A\sin 2\pi\left(ft - \frac{x}{\lambda}\right)$$

□ **2** 正弦波の式
$$y = A\sin\omega t = A\sin\frac{2\pi}{T}t$$

□ **3** 波の干渉，強め合う点
$$|l_1 - l_2| = m\lambda = 2m \times \frac{\lambda}{2} \quad (m = 0, 1, 2, \cdots)$$

□ **4** 波の干渉，打ち消し合う点
$$|l_1 - l_2| = \left(m + \frac{1}{2}\right)\lambda = (2m+1)\frac{\lambda}{2} \quad (m = 0, 1, 2, \cdots)$$

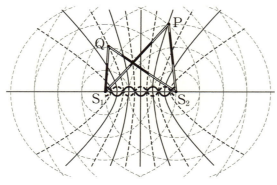

---- は弱め合う場所
$$|S_1Q - S_2Q| = \frac{\lambda}{2} \times (2m+1) \quad (m = 0, 1, 2, \cdots\cdots)$$

—— は強め合う場所
$$|S_1P - S_2P| = \frac{\lambda}{2} \times 2m \quad (m = 0, 1, 2, \cdots\cdots)$$

□ **5** 屈折の法則
$$\frac{\sin i}{\sin r} = \frac{v_1}{v_2} = \frac{\lambda_1}{\lambda_2} = n_{12}$$

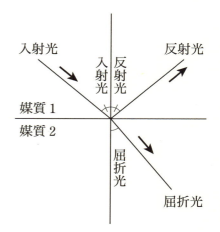

音波

☐ **1** 空気中の音の速さ
$$V = 331.5 + 0.6t$$

☐ **2** うなりの回数
$$f = |f_1 - f_2|$$

☐ **3** 弦の振動数
$$f_m = \frac{v}{\lambda_m}$$

☐ **4** 弦を伝わる波の速さ
$$v = \sqrt{\frac{S}{\rho}}$$

☐ **5** 閉管の振動数
$$L = \left(\frac{1}{4} + \frac{m}{2}\right)\lambda \quad (m = 0,\ 1,\ 3,\ 5,\ \cdots)$$

☐ **6** 開管の振動数
$$L = m \cdot \frac{\lambda}{2} \quad (m = 1,\ 2,\ 3,\ \cdots)$$

☐ **7** ドップラー効果，音源が動く場合
$$f' = \frac{V}{V - v_S} f$$

☐ **8** ドップラー効果，観測者が動く場合
$$f' = \frac{V - v_O}{V} f$$

☐ **9** ドップラー効果，観測者と音源が動く場合
$$f' = \frac{V - v_O}{V - v_S} f$$

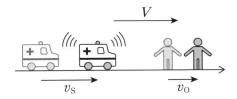

光波

- **1** 絶対屈折率
$$n = \frac{c}{v} = \frac{\lambda}{\lambda'}$$

- **2** 全反射の臨界角
$$\sin i_0 = \frac{1}{n}$$

- **3** 写像公式
$$\frac{1}{a} + \frac{1}{b} = \frac{1}{f}$$

$$\begin{pmatrix} b > 0 : レンズの後方に実像 \\ b < 0 : レンズの前方に実像 \\ f > 0 : 凸レンズ \\ f < 0 : 凹レンズ \end{pmatrix}$$

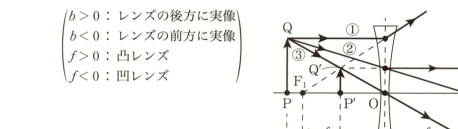

- **4** レンズの倍率
$$m = \left| \frac{b}{a} \right|$$

- **5** ヤングの実験，明線の条件
$$|l_1 - l_2| = m\lambda \quad (m = 0, 1, 2, \cdots)$$

- **6** ヤングの実験，暗線の条件
$$|l_1 - l_2| = \left(m + \frac{1}{2}\right)\lambda \quad (m = 0, 1, 2, \cdots)$$

- **7** ヤングの実験，隣り合う明線の間隔
$$\Delta x = \frac{l}{d}\lambda$$

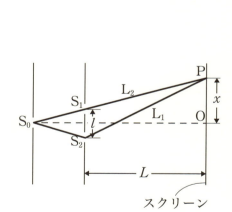

- **8** 回折格子　強め合う条件
$$d\sin\theta = m\lambda \quad (m = 0, 1, 2, \cdots)$$

- **9** 薄膜による光の干渉　明線の条件
$$2d\cos r = \frac{\lambda}{n} \times \left(m + \frac{1}{2}\right) \quad (m = 0, 1, 2, \cdots)$$

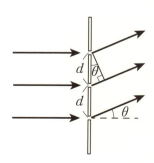

☐ **10** 薄膜による光の干渉　暗線の条件

$$2d\cos r = \frac{\lambda}{n} \times m \quad (m = 0,\ 1,\ 2,\ \cdots)$$

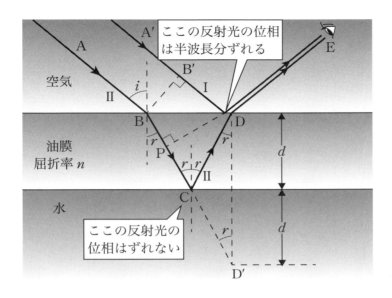

☐ **11** ニュートンリング　暗環の条件

$$x = \sqrt{m\lambda R} \quad (m = 0,\ 1,\ 2,\ \cdots)$$

☐ **12** ニュートンリング　明環の条件

$$x = \sqrt{\left(m + \frac{1}{2}\right)\lambda R} \quad (m = 0,\ 1,\ 2,\ \cdots)$$

☐ **13** くさび形空気層

強め合う条件：$2d = \left(m + \dfrac{1}{2}\right)\lambda$

弱め合う条件：$2d = m\lambda$

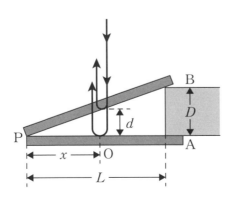

電場と電位

□ **1**　クーロンの法則

$$F = k\frac{q_1 q_2}{r^2}$$

□ **2**　電場から受ける力

$$\vec{F} = q\vec{E}$$

□ **3**　点電荷のまわりの電場

$$E = k\frac{Q}{r^2}$$

□ **4**　帯電体からでる電気力線の数

$$N = 4\pi k Q$$

□ **5**　平面がつくる電場

$$E = 2\pi k\frac{Q}{S}$$

□ **6**　静電気力がする仕事

$$W = Vq$$

□ **7**　一様な電場と電位

$$V = Ed, \quad E = \frac{V}{d}$$

□ **8**　点電荷のまわりの電位

$$V = k\frac{Q}{r}$$

コンデンサー

□ **1** 平行板コンデンサーの電気容量

$$C = \frac{1}{4\pi k} \frac{S}{d} = \varepsilon \frac{S}{d}$$

□ **2** コンデンサーにたくわえられる電気量（既定）

$$Q = CV$$

□ **3** 比誘電率

$$\varepsilon_r = \frac{C}{C_0} = \frac{\varepsilon}{\varepsilon_0}$$

□ **4** コンデンサーの合成容量　並列接続

$$C = C_1 + C_2 + \cdots + C_n$$

□ **5** コンデンサーの合成容量　直列接続

$$C = \frac{1}{C_1} + \frac{1}{C_2} + \cdots + \frac{1}{C_n}$$

□ **6** コンデンサーにたくわえられるエネルギー

$$U = \frac{1}{2} QV = \frac{1}{2} CV^2 = \frac{1}{2} \frac{Q^2}{C}$$

電流

□ 1　電流と電気量

$$q = It, \quad I = \frac{q}{t}$$

□ 2　オームの法則

$$V = RI, \quad I = \frac{V}{R}$$

□ 3　抵抗と抵抗率

$$R = \rho \cdot \frac{l}{S}$$

□ 4　抵抗率の温度変化

$$\rho = \rho_0 (1 + \alpha t)$$

□ 5　ジュールの法則

$$Q = IVt = RI^2 t = \frac{V^2}{R} t$$

□ 6　電力

$$P = IV = I^2 R = \frac{V^2}{R}$$

□ 7　導体中の電流

$$I = envS$$

□ 8　合成抵抗　直列接続

$$R = R_1 + R_2 + \cdots + R_n$$

□ 9　合成抵抗　並列接続

$$R = \frac{1}{R_1} + \frac{1}{R_2} + \cdots + \frac{1}{R_n}$$

□ 10　分流器の抵抗

$$R_A = \frac{r_A}{n-1}$$

□ 11　倍率器の抵抗

$$R_V = (n-1) r_V$$

キルヒホッフ

□ **1** キルヒホッフの法則Ⅰ

$$I_1 + I_2 + I_3 = I_4 + I_5$$

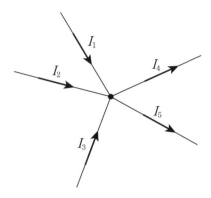

□ **2** キルヒホッフの法則Ⅱ

$$E_1 + E_2 = R_1 I_1 + R_2 I_2$$

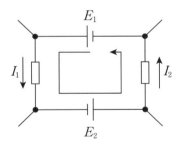

□ **3** 起電力と内部抵抗

$$V = E - rI$$

□ **4** ホイートストンブリッジ

$$\frac{R_1}{R_2} = \frac{R_3}{R_x}$$

電流と磁場

□ **1** 直線電流がつくる磁場

$$H = \frac{I}{2\pi r}$$

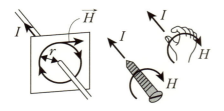

□ **2** 円形電流がつくる磁場

$$H = \frac{I}{2r}$$

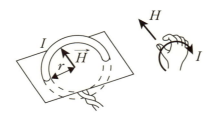

□ **3** ソレノイドの電流がつくる磁場

$$H = nI$$

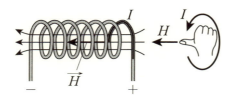

□ **4** 磁束

$$\Phi = BS$$

□ **5** 磁束密度と磁場

$$\vec{B} = \mu \vec{H}$$

□ **6** 比透磁率

$$\mu_r = \frac{\mu}{\mu_0}$$

☐ **7** 磁場中の導線が受ける力

$$F = \mu IHl, \quad F = IBl$$

☐ **8** 磁場中の導線が受ける力　角 θ をなすとき

$$F = \mu IHl\sin\theta, \quad F = IBl\sin\theta$$

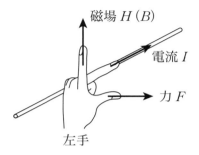

☐ **9** 平行電流が及ぼしあう力

$$F = \frac{\mu I_1 I_2}{2\pi r} l$$

☐ **10** ローレンツ力

$$f = qvB$$

☐ **11** ファラデーの電磁誘導の法則

$$V = -N\frac{\Delta \Phi}{\Delta t}$$

☐ **12** 磁場を横切る導線に生じる誘導起電力

$$V = vBl$$

☐ **13** 磁場を横切る導線に生じる誘導起電力

$$V = vBl\sin\theta$$

電磁誘導と交流

□ **1** 抵抗に加わる交流電圧と流れる交流電流

$$V = V_0 \sin \omega t, \quad I = I_0 \sin \omega t$$

□ **2** 交流の周期，周波数

$$T = \frac{2\pi}{\omega}, \quad f = \frac{1}{T} = \frac{\omega}{2\pi}$$

□ **3** 交流の実効値

$$I_e = \frac{1}{\sqrt{2}} I_0, \quad V_e = \frac{1}{\sqrt{2}} V_0$$

□ **4** 自己誘導

$$V = -L \frac{\Delta I}{\Delta t}$$

□ **5** コイルにたくわえられるエネルギー

$$U = \frac{1}{2} L I^2$$

□ **6** 相互誘導

$$V_2 = -M \frac{\Delta I_1}{\Delta t}$$

□ **7** 変圧器

$$V_{1e} : V_{2e} = N_1 : N_2$$

自己誘導と相互誘導

□ 1 コイルのリアクタンス

$$X_L = \omega L = 2\pi f L$$

□ 2 コイルに加わる交流電圧と流れる交流電流

$$I_L = I_{L0} \sin\left(\omega t - \frac{\pi}{2}\right)$$

□ 3 コンデンサーのリアクタンス

$$X_C = \frac{1}{\omega C} = \frac{1}{2\pi f C}$$

□ 4 コンデンサーに加わる交流電圧と流れる交流電流

$$I_C = I_{C0} \sin\left(\omega t + \frac{\pi}{2}\right)$$

□ 5 RLC 直列回路に流れる電流

$$I = \frac{V_0}{Z} \sin(\omega t - \alpha) \quad \text{ただし} \quad \tan\alpha = \frac{\omega L - \dfrac{1}{\omega C}}{R}$$

□ 6 インピーダンス

$$Z = \sqrt{R^2 + \left(\omega L - \frac{1}{\omega C}\right)^2}$$

□ 7 共振周波数

$$f_0 = \frac{1}{2\pi\sqrt{LC}}$$

□ 8 振動回路の周期と固有周波数

$$T = 2\pi\sqrt{LC}, \quad f = \frac{1}{2\pi\sqrt{LC}}$$

付　録　**243**

原子と光

☐ **1** 電子の比電荷

$$\frac{e}{m} = \frac{E}{B^2 lL} \cdot \frac{y^2}{x}$$

☐ **2** 光子の運動量

$$p = \frac{h\nu}{c} = \frac{h}{\lambda}$$

☐ **3** 光子のエネルギー

$$E = h\nu = \frac{hc}{\lambda}$$

☐ **4** 光電効果

$$K_0 = h\nu - W$$

☐ **5** 仕事関数

$$W = h\nu_0 = \frac{hc}{\lambda_0}$$

☐ **6** ブラッグの条件

$$2d\sin\theta = n\lambda \quad (n = 1,\ 2,\ 3,\ \cdots)$$

☐ **7** コンプトン効果

$$\lambda' - \lambda = \frac{h}{mc}(1 - \cos\phi)$$

☐ **8** ドブロイ波長

$$\lambda = \frac{h}{p} = \frac{h}{mv}$$

原子と原子核

□ **1** 水素原子のスペクトル系列

$$\frac{1}{\lambda} = R\left(\frac{1}{n'^2} - \frac{1}{n^2}\right) \quad \begin{pmatrix} n' = 1,\ 2,\ 3,\ \cdots \\ n = n' + 1,\ n' + 2,\ n' + 3,\ \cdots \end{pmatrix}$$

□ **2** 量子条件

$$2\pi r = n \cdot \frac{h}{mv} \quad (n = 1,\ 2,\ 3,\ \cdots)$$

□ **3** 電子の運動量方程式

$$k_0 \frac{e^2}{r^2} = m \frac{v^2}{r}$$

□ **4** 振動数条件

$$E_n - E_{n'} = h\nu$$

□ **5** 水素原子内の電子の軌道半径

$$r = \frac{h^2}{4\pi^2 k_0 m e^2} \cdot n^2 \quad (n = 1,\ 2,\ 3,\ \cdots)$$

□ **6** 水素原子のエネルギー準位

$$E_n = \frac{2\pi^2 k_0^2 m e^4}{h^2} \cdot \frac{1}{n^2} = -\frac{Rhc}{n^2} \quad (n = 1,\ 2,\ 3,\ \cdots)$$

□ **7** リュードベリ定数

$$R = \frac{2\pi^2 k_0^2 m e^4}{ch^3}$$

付　録　**245**

核反応とエネルギー

☐ **1** 半減期

$$\frac{N}{N_0} = \left(\frac{1}{2}\right)^{t/T}$$

☐ **2** 質量欠損

$$\Delta m = Zm_p + (A-Z)m_n - m_0$$

☐ **3** 質量とエネルギー

$E = mc^2$

放射線	正体	電荷	電離作用	透過力
α 線	高速のヘリウム原子核（α 粒子）の流れ	$+2e$	大	小
β 線	高速の電子の流れ	$-e$	中	中
γ 線	波長の短い電磁波	なし	小	大

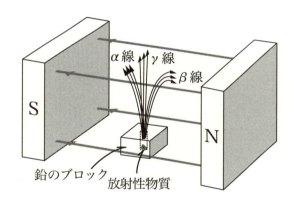

理 科　解 答 用 紙

受験番号

名前

解答科目		
物理	化学	生物
○	○	○

この解答用紙に解答する科目を、1つ○で囲み、その下のマーク欄をマークしてください。

[マーク例]

良い例	悪い例
●	◐ ⊗ ○

鉛筆（HB）でマークしてください。

付 録　247

自己分析シート

それぞれの模擬試験の正解数を,「正解・解答記入表」(p.210〜219) に記載された「分野」にしたがって記入しましょう。

回	正解数						ランク
	力学	熱力学	波動	電磁気	原子	合計	
第1回	/6	/3	/3	/6	/1	/19	
第2回	/6	/3	/3	/6	/1	/19	
第3回	/6	/3	/3	/6	/1	/19	
第4回	/6	/3	/3	/6	/1	/19	
第5回	/6	/3	/3	/6	/1	/19	
第6回	/6	/3	/3	/6	/1	/19	
第7回	/6	/3	/3	/6	/1	/19	
第8回	/6	/3	/3	/6	/1	/19	
第9回	/6	/3	/3	/6	/1	/19	
第10回	/6	/3	/3	/6	/1	/19	

ランクの付け方

S ランク
正解数が
19問

A ランク
正解数が
16問以上

B ランク…正解数が **14問以上**

C ランク…正解数が **11問以上**

D ランク…正解数が **10問以下**

学習達成表

「自己分析シート」(p.248) に記入した合計正解数を下の表に転記し、学習の達成度、成長度をグラフで把握しましょう。

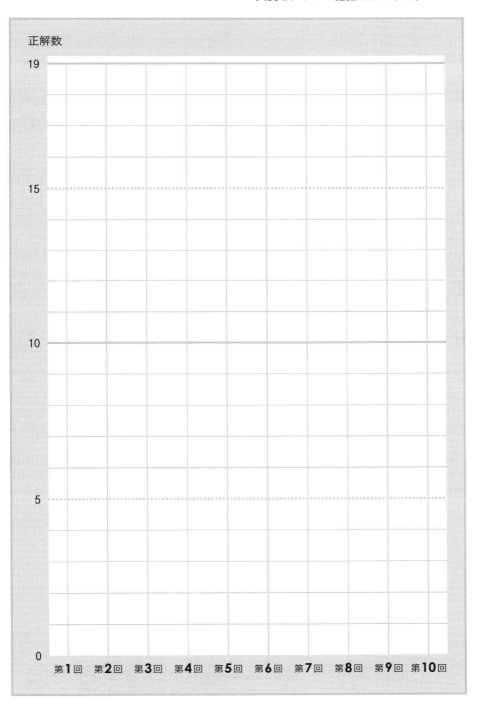

行知学園の指導で あなたの未来が変わる！

- ニーズに応える豊富なコース
- 講師陣の圧倒的な指導力
- 充実したオリジナル教材

行知学園から**3年連続**で
日本留学試験（EJU）総合点
日本全国1位を輩出!!

2016年	理系	日本全国1位	洪 木子
2016年	文系	日本全国1位	江 揚戈
2015年	文系	日本全国1位	庄 源
2014年	文系	日本全国1位	王 凱易

難関大学、有名大学に 次々合格!!

業界トップの合格実績！
※2018年度実績

東京大学	16名
京都大学	20名
大阪大学	17名
一橋大学	17名
東京工業大学	21名
慶應義塾大学	62名
早稲田大学	112名

行知学園への入学申込み、お問合せ、ご相談は
各校舎の受付窓内、もしくは電話、QQへ！

合格者の声など
詳しくはこちらから →
行知学園微報

新宿本校

〒169-0073
東京都新宿区百人町2-16-15
MYビル 1F

・山手線「新大久保駅」より徒歩約4分
・総武線「大久保駅」北口より徒歩約6分

080-4355-6266
268001216

高田馬場校

〒169-0075
東京都新宿区高田馬場2-16-6
宇田川ビル 7F

・山手線「高田馬場駅」早稲田口より徒歩約1分
・西武新宿線「高田馬場駅」早稲田口より徒歩約1分

080-4355-6266
268001216

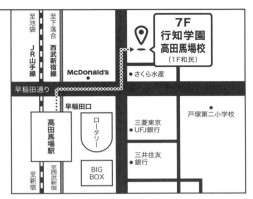

大阪校

〒542-0073
大阪府大阪市中央区日本橋1-21-20
丸富日本橋パールビル 3F 302号

・堺筋線、千日前線など「日本橋駅」出口10より徒歩約1分
・御堂筋線、千日前線、四つ橋線「なんば駅」より徒歩約6分

080-3459-1596
1664201216

京都校

〒612-8411
京都府京都市伏見区竹田久保町21-7
ビルマルジョウ 3F C室

・地下鉄烏丸線「くいな橋駅」出口1より徒歩約4分
・京阪本線「深草駅」出口1より徒歩約7分

080-9696-6066
744534305

本書の内容に関する訂正及び変更は，行知学園ホームページの下記URLに情報を公開いたします。
http://www.koyo-coach.com/text/information/

日本留学試験（EJU） 模擬試験
物理

2018年5月28日　初版第1刷発行
2022年8月14日　初版第2刷発行

編著者　行知学園 物理教研組
発行者　楊 舸
発行所　行知学園株式会社
　　　　〒169-0073　東京都新宿区百人町2-8-15　ダヴィンチ北新宿 5F
　　　　TEL：03-5937-2809　FAX：03-5937-2834
　　　　http://coach-ac.co.jp/（日本語）
　　　　http://www.koyo-coach.com/（中国語）
発売所　日販アイ・ピー・エス株式会社
　　　　〒113-0034　東京都文京区湯島1-3-4
　　　　TEL：03-5802-1859　FAX：03-5802-1891
印刷所　シナノ書籍印刷株式会社

万が一，落丁・乱丁がございましたら，送料小社負担にてお取り替えいたします。お手数ですが，小社までご返送ください。
本書の内容はすべて，著作権法上の保護を受けております。本書の一部あるいは全部について，行知学園株式会社から事前の許諾を得ずに，いかなる方法においても無断で複写・複製・翻訳および本書の解説・答案書等の作成は禁じられています。

© 2022 Coach Academy Co.,Ltd.
Printed in Japan
ISBN 978-4-909025-37-1　C2081